Rolf Friedrich Schuett

Satirische Essays zum Zeitgeist heute

Hirnforscher haben nur noch Gehirn im Kopf

Rolf Friedrich Schuett

Satirische Essays zum Zeitgeist heute

Hirnforscher haben nur noch Gehirn im Kopf

Bibliographische Information Der Deutschen Bibliothek:
Die Deutsche Bibliothek verzeichnet diese Publikation
in der Deutschen Nationalbibliographie; detaillierte
bibliographische Daten sind im Internet abrufbar über
http://dnb.ddb.de

Herstellung und Verlag :
BoD – Books on Demand, Norderstedt

Printed in Germany

ISBN 978-3-7583-0170-4

FÜR MEINE FAMILIE

Von Hekuba zu Heureka

Hihi. Ehe der altersweise Uhu „Aha!" sagt, ruft er „Oho!"

Es lassen sich zwei Arten von Aha-Erlebnissen unterscheiden, je nachdem, ob der Geistesblitz sich einstellt bei einem plötzlichen Verständnis entweder dessen, was der Menschheit längst bekannt ist und nur uns noch nicht, oder dessen, was mutmaßlich bisher noch kein einziger Mensch auf Erden so gesehen hat, bevor wir darauf stießen.

1.
Nehmen wir an, ich wolle mir die Grundzüge der Quantentheorie klarmachen und besorge mir ein einschlägiges Werk, um mich als interessierter Laie darin zu vertiefen. Die etwas schwierige Materie widersteht mir, und kein Zugang will sich meinem Kopf öffnen. Ich zweifle, ob ich das passende Buch habe, das mir allerdings ausdrücklich empfohlen war, versuche es immer wieder, von verschiedenen Seiten aus, doch vergeblich. Die winzigen Quanten, so geringfügig sie sind, bleiben spanische bis böhmische Dörfer für mich, ich stehe davor wie die dumme Kuh vorm neuen Tor, verstehe nur Bahnhof und fühle meinen Kopf wie vernagelt und blockiert von hartnäckigem Stupor.

Eine graue Gewitterwolke ballt sich langsam zusammen und brütet finster vor sich hin, die Luft wird drückend und stickig, die elektrisierende Spannung steigt – ehe ein erster schwacher Geistesblitz durch das Gewölk donnert und die hohen Gegensätze sich mit einem Schlag entladen. Als ich das schlaue Buch schon resigniert bis wütend für immer zuschlagen will, durchfährt es mich wie eine urplötzliche Erleuchtung. Was zuvor zusammenhanglos und stumm verstreut umherlag, fügt sich wie von Geisterhand bewegt mit einem Ruck zusammen zu einem sinnvollen Muster, wie hundert Puzzleteile von selbst zu einem klaren Bild. Wer oder was mir nun auf die Sprünge geholfen hat oder nicht, mit oder ohne weitere Hilfestellung, der Groschen ist doch noch gefallen. Alles stimmt mit einem Mal, und von jetzt an geht das schrittweise Verstehen fast mühelos von selber, ich sehe die Welt der Quanten nicht mehr in einem ewigen Nebel. Kurzum : Ab jetzt werde ich eine Viertelstunde lang mitreden können, wo von Quantencomputern der Zukunft schwadroniert wird.

2.
Aber was, wenn es zu Aufgaben und Themen überhaupt noch kein Lehrbuch gibt, weder fachlich noch populärwissenschaftlich, und keine praktische oder didaktische Anleitung? Wie, wenn ich nicht bekannte Ideen nur verstehen will, sondern neue Ideen suche, die es noch gar nicht gibt, aber schmerzlich vermisste? So geht es mir seit langem und beständig wieder. Um in einer Spezialwissenschaft ein Neuland zu betreten, braucht jemand jahrelanges Vorstudium, um die Front der Forschung zu erreichen, aber in der Philosophie z. B., die ja kein besonderes Sach- und Fachgebiet hat, sondern auf bestimmte Weisen begrifflich über alles und jedes spricht wie auch über deine (Ein)Stellung im Ganzen der Welt, ist in zwei Jahrtausenden schon alles gesagt und – zugleich doch so viel wie noch gar nichts.

Die akademischen Universitätsphilosophen gehen seit langem davon aus, dass alle denkbaren Denkmethoden erprobt und alle möglichen Grübelthemen durchdekliniert sind, dass es nichts Neues unter der Sonne mehr für sie gibt, als mit den archivierten Traditionsmotiven und katalogisierten Versatzstücken nur noch *postmodern* zu spielen, sie zu immer neuen Mustern zu kombinieren, zu montieren und auch munter zu collagieren. Es erstaunt, mit welch bescheidenen Begriffsvarianten solche gutdotierten Denkbeamten sich ein sorgenfrei hochgeachtetes Hochschulleben erwirtschaften können.

Heraus kommen dickleibigste Werke mit denkbar wenigen breitgewalzten Ideechen, die von niemandem gelesen werden, weder von Fachkollegen noch von interessierten Bildungsbürgern wie früher eine Neuerscheinung etwa von Jaspers, Sartre oder Heidegger. Seit die "Analytische Philosophie" der Angelsachsen die weltweite Philosophenszene beherrscht mit ihren kleinteiligen sprachtheoretischen oder spezialistischen Fragestellungen, ist der nachdenkliche Durchschnittsbürger geistig unterversorgt, allein gelassen und sucht Abhilfe bei dubiosen Philosophie-Cafés, umweltanschaulichen Workshops, seicht verquasselten Internet-Talkshows etc.

Uni-Philosophie besteht weitgehend nur noch aus gutgemeinten humanistischen Selbstverständlichkeiten und hausbacken biederen Banalitäten in immer anspruchsvolleren Imponierterminologien, um ihre nur sich umkreisende Unfruchtbarkeit zu verschleiern. Aber Philosophie ist eine Kunst, die sie nicht versteht, und keine Wissenschaft, die sie gern sein möchte.

Eine Metaphysik in Metaphern, die eine einzige neue Idee nicht zu zehn Bänden auswalzt, sondern zehn brandneue Ideen auf einer einigen Buchseite verewigt, wird disqualifiziert als bloß windig subjektivistischer Geistesblitz, der strengen philosophischen Gehalt in literarischer Gestalt präsentiert und deshalb (trotz linguistic turn) von seriösen Fachleuten mit Misstrauen betrachtet und nicht anerkannt wird, obwohl es in der Geistesgeschichte eine bedeutende „europäische Moralistik" von Geistesblitzen und Heureka-Bonmots gibt, welche die „Mores", die Sitten und Gebräuche ganzer Epochen unbefangen und weitgehend unvoreingenommen untersucht haben.

Wer aber quarkbreite Ausdeutungen braucht, weil ihm spielerische Andeutungen nicht genügen, dem ist ohnehin nicht zu helfen, weil er gar nicht genug Lebenszeit hat, ausreichend viele Felder zu beackern. Ein Philosoph muss zu fast allen Gegenständen originell Erhellendes sagen können, nicht nur wie der Wissenschaftler innovativ zu seinem einzigen, aber da die weite Welt in kein enges geistiges Bezugssystem passt, muss er möglichst viele uns übervertraute Objekte von einem überraschenden Blickwinkel aus zeigen können, um seine überdotierte Existenz zu rechtfertigen. Die Zeitgenossen wollen ja nicht nur einzelwissenschaftlich aufgeklärt, sondern auch existenziell erhellt werden im Ganzen der Welt – und darüber hinaus.

Aphorismen nun sind im Idealfall konzentrierte Geistesblitze pur, ohne weitere Verdünnung, unverwässerte Ideen-Extrakte und geistreichere Destillate, entweder bekannte oder noch unerhörte Gedanken in sprachlich ungewohnten Gestalten. Was kurz und bündig auf den springenden Punkt gebracht ist in kunstvoll reizender bis aufreizender Sprachform, Schlag auf Schlag im Trommelfeuer von Heureka-Rufen, löst viel leichter die ersehnten punktuellen Aha-Momente aus als das pedantisch geregelte argumentative Für und Wider im breitgetretenen Quark voluminöser Abhandlungen, die niemals zu Potte kommen, bevor der Leser eingeschlafen ist.

Verblüffende Querverbindungen zwischen einander entferntesten Standpunkten, ungewohnte Sichtweisen auf schon sattsam Bekanntes, geschliffene Angriffe auf abgeschliffenste Begriffe, oft vieldeutig schillernd statt unrealistisch eindeutig, tendenziell prägnant und elegant, amüsant und frappant: Freche Kurzschlüsse statt nie endende rational(isierend)e Trugschlussketten kürzen gern die lange Leitung des Hörers durch negative Dialektik statt positiv(istisch)e Dialoge.
Das Problem ist nur, wie kann ein Konsument "Aha!" und "Heureka!" rufen, wenn er den Geistesblitz nicht kapiert oder nicht (wenigstens widerwillig) anerkennen und begrüßen kann.
Geistreiche Schmetterlinge ohne Hufeisen an den Flügeln stieben davon in die Lüfte, und die siebenhundert Katheder-Weisen sehen ihnen nach voller Staunen und Stupor, ganz ohne **Heurek-Aha**.

Überfällig in der ehrwürdigen philosophia perennis wäre längst ein *aphoristic (re)turn*, um frische Geistesblitze in uralte Geistessysteme zu schleudern und sie in neuem Licht zu zeigen. Nietzsche und Adorno hatten erst den Anfang gemacht und dieses schöpferische Paradigma nicht etwa schon selber erschöpft. Auch Wittgenstein überrumpelte alle vom Fach mit nichts als (frühromantischen?) Fragmenten in endlosen Kladden und Schmierheften in der Nachfolge von Novalis und Friedrich Schlegel. Wenn ein Berufsphilosoph zu allen relevanten Gebieten sich komisch gnomisch äußert, wird seine Welt-Enzyklopädie in the long run ganz von selbst und zwanglos zu einem unmethodischen System von unsystematischen Gedankenexperimenten.

Eine Philosophie der Zukunft sollte sich nicht ganz in einen systematisch ausgesponnenen Grunddualismus (wie Himmel und Erde) einspinnen, sondern eine lebenslange Kette von sentenziösen Heurek-Aha-Momenten in gutpointierter Umgangssprache sein für jedermann.

Open end.

"Heraklit wird nie veralten." *(Nietzsche)*

"Aha!"

Aber was sind Aha-Momente von Dummköpfen wert?

Die Welt ist ein Narrenspital

Man kann jede „binäre Codierung" *(Niklas Luhmann)* wie „krank/gesund" in eigentlicher oder in metaphorischer Bedeutung nehmen und verwenden. Vom moribund-malignen Krebskranken über den Wald- und Wiesenschnupfen bis zum klinischen Psychotiker reicht die Palette der medizinisch fundierten Zu- und Verschreibungen im engeren Sinne (sensu strictiori). Die Weltgesundheitsorganisation WHO wacht über den wissenschaftlich gerade erreichten Stand an definitiven Strukturformeln für die etwa 20.000 diagnostizierbaren Gesundheitsstörungen mit objektivierbaren Untersuchungsbefunden und fühlbarer Beeinträchtigung des Wohlbefindens im „AZ" (Allgemeinzustand). Zu fast jeder gibt es jederzeit revidierbare Therapie-Leitlinien, die oft wirkungslos sind, aber immer kosten.

„Geisteskrank" werden eher alltags- und umgangssprachlich volkstümlich aber nun gern Sachverhalte oder Personen genannt, die dem subjektiven Maßstab von deinem „gesundem Menschenverstand" zufällig widersprechen. Politiker oder Politentscheidungen „irre" oder „krank" zu nennen, führt allerdings in uferlos beliebige Diskriminierungs- und Disqualifizierungswut und lässt oft eher auf den psychomentalen Zustand des Laiendoktors schließen. Mein empörter Aufschrei „Das ist ja krank!" fällt meist auf mich selbst zurück. Die Laienblitzdiagnose „verrückt" fällen zumeist Verrückte, die selber leicht *gaga* „neben der Spur" sind, einen „Hieb" oder „nicht mehr alle Tassen im Schrank haben". Wirklich verrückt ist vielleicht nur, wer alles verloren hat außer seinen messerscharfen Verstand, schrieb der putzgesunde *Chesterton*, und die Nervenkliniken sind voll von solchen armen Leuten.

Selbst wer sich oft irrt oder andere irreführt, muss noch nicht irre sein. Wie krank ist, wer alle(s) ungestraft „krank" schimpft (und damit kränken will), was sich kerngesund genug fühlt, um andere selber todkrank schreiben zu dürfen? Kranke erklären einander eben krankhaft gern für schwerkrank, als wäre es für sie selber die hochwirksamste Therapie und Arznei, andere noch kranker zu wissen. (Rache ist süß, und Christen sollten mehr diabeten.)

Krankenhäuser heißen so, weil sie eher kranker als gesünder machen. Sonst hießen sie Heilhäuser, aber Heilanstalten sind eben zumeist auch schon „Nervenheilanstalten" -- die Sprache ist um einiges klüger als wir.

Schon der fulminante Stilist *Tacitus* wollte den kranken römischen Volks- und Staatskörper behandelt sehen.

Stoffwechselkrankheiten haben nichts mit Tapeten-Wechseljahren zu tun, und Manager haben eher pumpelgesunden Stress als die vielbeschworene *Managerkrankheit* der Faulpelze und Burn-out-Hypochonder. Ungesund lebt aber der *Sterbenskranke*, der sich für einen Hypochonder hält. Dazu zählt (z.B. für *Fußkranke*) oft eher die lampenfiebrige *Reisekrankheit*. Jugendsünden und Jugendtorheiten sind oft *Kinderkrankheiten*. *Föhn- und Höhenkranke* fühlen sich *tief- und schwerkrank* wie *Taucherkranke*. Auch *Hautkrankheiten* machen leiden, weil sie vor allem hässlich machen, und herzlose Menschen sind, merkwürdig, oft *herzkrank* bis zum Barmherzinfarkt.

Gefäßkranke sind keine *Trunksüchtigen,* die ja oft etwas *erbkrank* sind, und für *Sehnsüchtige* sind die bitteren Enttäuschungen gerade keine Entwöhnungskuren, sondern nur Infektionsherde.

Die prominente *Alzheimerkrankheit* wurde inzwischen leider schon zum Favoriten der Witzerzähler. Glückspilze sehen andere Leute *giftpilz-erkrankt*.

AIDS-Kranke sind die schon etwas modernisierten *Pestkranken,* und seit Schwulitäten nicht mehr als Geschlechtskrankheiten gelten, heißt es geisteskrank, sie noch so anzusehen und zu behandeln. Und ist "gesunder Menschenverstand" oft nur "gesundes Volksempfinden der Volksgemeinschaft"?

Nervenkrankheiten sind oft nur *Modekrankheiten* für Modeärzte, und an *Mangelkrankheiten* herrscht ja selten Ärztemangel und Krankheitsmangel.

Ganz besondere oder nur
absonderliche Sonderlinge?

Exzentriker mit ihren „Oddities", ob nun adlig oder unveredelt, gelten als traditionelle britische Spezialität, doch eine jede Nation pflegt ihre eigenen neugiererregenden Exzentriker recht stolz ins Zentrum der touristischen Öffentlichkeit zu stellen oder verschämt zu verstecken. Damit der in Frage kommende Stich-Pool nicht zu inflationär groß wird, sollten vielleicht einige zu eifrige Anwärter von vornherein ausgeschlossen sein noch aus dem, was aus sozial anerkannten Normbereichen gemeinhin ohnehin ausgeschlossen wird, wie etwa absonderliche Kriminelle und/oder klinisch relevante Psychotiker.

Bei solcher rigorosen Auslese bleiben noch genügend viele Wunsch- und Schreckkandidaten durch die Zeiten und Zonen übrig, selbst wo berücksichtigt wird, dass die soziokulturell Devianten von Dorten und Einst vielleicht hier und heute durchaus anerkennenswerte Mitglieder von Societies wären -- und auch relativistisch umgekehrt. Und aus dem verbleibenden großen Rest möchte ich noch einmal vorweg jene weniger Interessanten aussortieren, die zwar genügend schrullige Marotten, Verhaltensauffälligkeiten, gesetzeskonforme Nonkonformitäten, mehr oder weniger unterhaltsame „Seltsamkeiten" in Betragen, Gewohnheiten und Überzeugungen zeigen, aber dabei leider kein ungemeines Maß an origineller Kreativität an den Tag legen.

Dann bleiben nur noch die wirklich bemerkenswerten Einzelfälle und Ausnahmemenschen übrig, deren Beiträge zur Kultur wohl unserer Kultur (oder Multi-Kulturlosigkeit) ins Gesicht schlagen mögen und niemals offizielles Allgemeingut werden konnten und können, aber deshalb nur mit unzureichenden Argumenten abgeschoben werden könnten ins Kuriositätenkabinett der Monster und Zirkusfreaks. Sie bleiben mehr oder weniger empfindliche Widerhaken, Wespenstiche und Pfählchen im Fleische jeder nur halbwegs funktionierenden Gesellschaft, mehr oder weniger amüsante oder nervtötende Paradiesvögel im Menschenzoo. Und eine Kultur bemisst sich doch immer noch danach, wie sie mit dem umgeht, was schlecht in sie hineinpasst, ohne sich deshalb draußen besser zu machen. Bereichern oder sprengen Exzentriker das Narrenspital der Welt? Jedenfalls beweisen sie für echte Irre zu viel Vernunft und für wirkliche Genies zu wenig potentielle Allgemeingültigkeit-von-morgen.

Ist vielleicht insgeheim jedermann ein ängstlich uneingestandener Exzentriker, der sich lieber auf Deubel komm raus gut einsozialisieren lässt, als mit diesem clownhaften Etikett herumlaufen zu müssen? Ich Unterschichtexzentriker plädiere jedenfalls für das unaustauschbar unvergleichliche *Unikum,* das ein unverkäuflich enigmatisches *Unikat* in die Waagschale zu werfen hat, das also ein unverdaulich erratisches, aber nicht mit überzeugenden Argumenten desqualifizierbares Werk voll selbstbewusstem Berufsoptimismus als prätentiöses Stolpersteinchen uns und allen vor die Füße werfen kann.

Sind unter Exzentrikern nun einfach „Spinner" zu verstehen mit skurriler Lebensführung und etwas außergewöhnlichen bis abwegig abstrusen Ansichten? Exzentriker, die gewöhnlich eben nicht nur ungewöhnliche Verbrecher oder bizarre Geistesgestörte sind, bilden wohl zumeist misstrauisch introvertierte Zeitgenossen außerhalb des Zeitgeistes, bei aller dysphorischen Verschlossenheit doch auch wieder hartnäckig idealistische Individualisten ohne allzu großen Rivalitätseifer, eher eigensinnig originell als bloß kauzige Originale, also eher sozial als kulturell angepasste Einzelgänger und isolierte Einzelkämpfer, keine ausgestellt „hochdekorierten Eremiten". Sie haben sich ein gutes Stück kindlicher Phantasiefreude bewahrt und genieren sich nicht, ihr „narzisstisches Größenselbst" *(Heinz Kohut)* als Ich-Ideal aus früher Kindheit ausdauernd auszuleben in angepasst

„reiferer" Umgebung. Oft sind sie in ihren Herkunftsfamilien fast autistische Erstgeborene oder Einzelkinder. Diese vorwiegend aus der oberen sozialen Mittelschicht Stammenden, die nie mittelmäßig sind, fallen aus der „Mitte der Gesellschaft" demonstrativ und provokativ heraus, sind aber niemals Wichtigtuer, Aufschneider, Renommisten und Scharlatane, die allein Aufsehen erregen wollen, um sich Vorteile zu verschaffen und ihre Umwelt profitabel hinters Licht zu führen.

Man unterscheidet (theorielastig) wissenschaftliche, imaginations-künstlerische, religiöse (z. B. Theosophin *Helena Blavatsky*) und philosophische (siehe z. B. Idealist *Karl Christian Friedrich Krause*) Exzentriker mit ihren speziellen „Spleens" (ursprünglich wohl Milzgestörte). Ihre exzeptionelle Besessenheit (Eustress) von randständigen Themen, Fragestellungen, Lösungsansätzen macht sie noch nicht zu kommunikationsgestörten „Aspergern" oder gar „charismatischen Unruhestiftern". Genuin "exzentrisch" bedeutet eher egozentrisch (und radikal monomanisch) als nur egoistisch. Geborene Exzentriker (wie alle Gelehrten) müssen wir uns vorstellen als glückliche (und zum Witz neigende) Außenseiter, ihre eigenen *Brainstormer* im stillsten Kämmerlein, Experten für abseitigste Spezialgebiete, ob sie die Sozialevolution am Ende nun vorantreiben oder nicht. Gelegentlich werden sie mit etwas Glück sogar Avantgarden, bahnbrechende Pioniere kollektiver soziokultureller Innovationsschübe, die es nachstürmenden Epigonen etwas leichter machen. – Wenn ein *James Joyce* nicht 1922 seinen „Ulysses" veröffentlicht hätte, sondern nur „Finnegans Wake", wäre er zum bloßen Exzentriker weggestempelt worden statt zum Nobelpreis vorgeschlagen. So klein ist der Schritt vom Lächerlichen zum Erhabenen …
Einer von 10.000 Menschen gilt als Exzentriker in engerem Sinne.
Hier noch einige Literaturhinweise für den, der sich in das Thema vertiefen will und auch unterhaltsame geschichtliche Beispiele sucht:

Edith Sitwell : „English Excentrics" (1933, dt. 1987)
Jamie James : „Über das Vergnügen, anders zu sein", 1995
Michael Korte : „Lexikon der verrückten Dichter und Denker", 1993
Karl Shaw : „Lexikon der Exzentriker.
Die schrägsten Vögel der Welt", 2001
Felicitas Dörr-Backes:
„Exzentriker, die Narren der Moderne", Würzburg 2003

Yoga plus Joghurt : Auch ich meditierte

Auch Unterfertigter hat es mit Meditation und Yoga versucht, um zu prüfen, was es um ihn herum mit dem vielsagenden Raunen unseres verspaßten Zeitgeistes auf sich hat. Seit Jahrzehnten sucht der gestresste westliche Klein- oder Bildungsbürger Entspannung und Erleuchtung in fernöstlichen Kulturtechniken, die älter sind als seine eigene bornierte Kultur der naturwissenschaftlichen Entdeckungen und industrietechnischen Erfindungen (plus vorsorglich einmontierter massenmedialer bis geisteswissenschaftlicher Entertainmentkompensationen).

Vor allem unsere ratlos überzüchteten Mittelstandsdamen suchen seit dem esoterischen „New Age" des „Wassermann-Zeitalters" (gegen ihre geschäftstüchtig veräußerlichten Chef-Gatten) endlich spiritistische Aufklärung im spirituellen Innenleben aus Fernost-Importen, mit oder ohne Spirituosen. Man muss inzwischen nicht mehr nach *Poona* pilgern, sondern kann sich im Internet wohlfeile bis kostenlose Yoga-Kurse mieten bei erfahrenen Gurus, die bewundernswerte Einheit von westlicher Erfolgstaktik und östlicher Selbstverjenseitigung ins *Nirvana* (oder Near-Wahna?) erreicht haben.

Auch ich setzte mich willig und bequem in den unbequemen Lotussitz, mit schmerzenden Beinen, schloss mit besenstielgeradem Rückgrat vorschriftsmäßig die Augen und harrte der versprochenen Wunder, indem ich mich auf mein bloßes regelmäßiges Durchatmen zu konzentrieren suchte. Ein und Aus, ein und aus, immer mit der „achtsamsten" Aufmerksamkeit nur auf dieses und möglichst nicht abgeschweift zu Bildern drängender Alltagsprobleme oder nackter Frauen. Dazu unentwegt ein *Mantra* gemurmelt. Om, om, om mani padme hum: „Ich ehre die Perle im Lotus". Keine Ablenkung und

Zerstreuung, kein zerstreuter Professor. Der "Body Scan" der inneren Sammlung wanderte langsam von einem Körperteil zum nächsten …

Immer wieder verirrten sich „tanzende Affen" neuer Vorstellungen und Gefühle in meinen Kopf, der sie geduldig wieder verscheuchte, um die totale "Entleerung des Bewusstseins" zu erreichen, die freie Bühne für die Epiphanien der himmlischen Verheißung. Der Schädel ließ sich nur schwer leerpumpen von dem üblichen zivilisatorischen Alltagsmüll. *Samadhi*, Klarheit und Stille und Einsicht, weg mit dem *Schleier der Maya*, kommt her, nackte Wahrheiten! Ich versuchte indisch *Dhyana*, chinesisch *Chan*, japanisch *Zen,* also *Meditation* ins Medium, die Mitte der Welt.

Wie empfohlen auf „diskursives Denken" zu verzichten, fiel hingegen leicht, weil ohnehin wenig gepflegt. Wer denkt schon viel logisch oder rational? Gefühlchen, Empfindungen und Bildfetzen waren schon schwerer auf Dauer zu verscheuchen. Und angeraten „gutmütiges Wohlwollen" gegen die Lieblingsfeinde wollte sich fernöstlich so schlecht einstellen wie christlich. Na, ja, nicht gleich zu viel verlangen, alles will trainiert sein, aller Anfang ist schwerfällig.

Ich horchte angestrengt unangestrengt in mich hinein, aber – kein Ton. Ich ging so weit wie möglich in mich und – kam hinten sofort wieder heraus. Om, om, om … heraus kam ein haltbarer Stumpfsinn, der sich hellstes „Sartori" nannte. Das „wahre Selbst" hinterm egoistischen Ich war – gar nicht da und auch niemals dagewesen.

Ich blickte nämlich gemächlich in mich hinein und sah, sah – gar nichts. Aber dieses Nichts war nicht das Sein selber wie in Hegels oder Heideggers Logik oder das All wie in Hawkings Kosmologie, sondern nichts als purifiziertes Nichts. Ich sah rein gar nix, und das konnte es ja wohl nicht sein, was der chinesische Buddhismus und indische Hinduismus seit Jahrtausenden als das Nonplusultra der menschlichen Möglichkeiten anpriesen, oder? *Hen kai pan*, Ein und Alles, Alles und Nichts?

Mein *Atman* ging nicht profitabel auf und unter im kosmischen *Brahman*, sondern starrte und stierte ausdauernd ins Dunkel und Dünkel meines Kopfes. Da tat (s)ich nix – null Komma null und nichtig. Alles war in der "Versenkung" verschwunden, die sich „Erleuchtung" nannte. Meine Nabelschau endete im düstersten Dunkel eines einzigen *Schwarzen Lochs*. Also waren die *Black Holes* am astrophysikalischen Firmament ja wohl so etwas wie meditierende Sterne, die im galaktischen Lotussitz massive Selbstversenkung betrieben? War das Vakuum ein einziger Riesen-Yogi oder Urknallkopf, der das Universum rhythmisch achtsam ein- und ausatmete zwischen „Dunkler Materie" und „Dunkler Energie"? Davon träumte ich undeutbar und undeutlich verfinstert, also typisch deutsch, als ich längst eingepennt war, also zu blöd für diese Form anspruchsvollster Selbstverblödung der „diskursiven Vernunft" im angesparten Wiedergeburtskarma.

Da om-melte und ommelte einer unverdrossen weiter, auf der sanften Woge des Atmens, mit eingeschlafenen Lotusbeinen. Und wachte nach einer Viertelstunde auf, weil er dösend eingenickt war, enttäuscht von sich selbst und der ewig grinsenden Schamanenmaske des fernen Asiens.

"Ex oriente lux". Was wäre das antike Griechenland Platons und Euklids gewesen ohne die Selbstversenkung der ältesten Zivilisationen. („China" muss auf Grund seiner hohen Bevölkerungsdichte sehr alt sein und hängt etymologisch zusammen mit „Kain", unserem Urvorfahren.)

Seither schreibe ich lieber Aphorismen, die westlichen "Koans" der ZEN-buddhistischen Meditation. Diskursives Denken erleuchtet zwar nicht, aber verfinstert wenigstens kein Licht der Vernunft.

Dialektik der Dialekte

Es gibt rührende Versuche von passionierten Brauchtumspflegern, das allmähliche Aussterben und Verschwinden ganzer regionaler Mundarten aufzuhalten oder wenigstens möglichst lange zu verlangsamen. Das dürfte über die Grenzen kleiner Hobbygemeinschaften selten mehr hinausgelangen, bleibt aber verdienstvoll. Der Zeitgeist ist nicht zu bremsen, wo er die naturwissenschaftlich-technisch-industrielle Fortschrittsideologie weltweit zu etablieren trachtet. Da wirken Provinzdialekte lediglich als sprachliche Hemmschuhe der neoliberalen Globalisierungstendenzen. Besonders Patrioten und Nationalisten halten am retardierenden Bollwerk der Agrar-Dialekte gegen die Sintflut überregionaler und transnationaler Integrationsbestrebungen verbissen fest. Sie verteidigen die Mundarten, auch wo sie auf ländliche Kleingebiete beschränkt sind, gegen die jeweilige Hochsprache – ebenso wie die Muttersprache gegen die Invasion der Fremdsprachen (und natürlich des angelsächsischen Welteinheitsjargons). Das "Denglisch" der Metropolen bleibt weithin verhasst.

Aber Dialekte haben eine versteckte Dialektik. Ihre Vorzüge sind nicht ohne ihre Nachteile zu haben, wie auch ihre unzweifelhafte Zurückgebliebenheit ihren hartnäckigen Eigenwert umgekehrt nicht ganz verdunkeln kann. Das Plattdeutsche z. B. im Norden oder das Bayerische im Süden des Vaterlandes haben unzweifelhaft etwas Anheimelndes und Gemeinschaftsstärkendes für die dort geborenen Einheimischen, die sich durch Metropolen-Hochdeutsch wie durch „Kanakenkauderwelsch" oft selbstentfremdet, „überfremdet" oder gar bedroht fühlen und das dann auch gern lautstark politisch kundtun.

„Moin, Fritz!" klingt einfach etwas gemütlicher und integrativ lockerer als steifes „Guten Morgen, Herr Müller-Taddenreich", wird aber auch leicht gemythlicher. „Spökenkiekt mol wedder rin, min Jung und min Deern!", sagte die Oma häufig ...

Sogar der wirkmächtig große, weltläufig denkende "preußische Staatsphilosoph" Georg Wilh. Friedrich Hegel soll dem Vernehmen nach selbst vom Universitätskatheder herab seine Vorlesungstexte (canabiskauend und tabakspuckend) unverkennbar geschwäbelt haben. Das erst muss sie zusammen mit der berüchtigten dialektischen Virtuosität für Zugereiste fast unverständlich gemacht haben, stellt man sich heute vor. – "Ebbes iss wahr, wenn ..."

Ein Zuwanderer oder Einwanderer, Emigrant oder Asylant, ein Wirtschafts- oder Kriegsflüchtling aus exotischen Ländern steht vor solchen deutschtümelnden Untersprachen und ihren Sublekten bald noch hilfloser als vor dem Hochdeutsch, der normierten Amts- und Bildungssprache. Er fühlt sich ausgeschlossen und soll aus solchen fremdenfeindlich verschworenen Lokalhümpeln auch ausgeschlossen werden und bleiben. Man schließt sich vor ihm und gegen ihn schon mundartlich zusammen, völlig legal, auch wenn er das eine Stadthochdeutsch schon ausreichend gut gelernt hat, um sich überall verständlich zu machen. Dieses hinterfotzig trotzige und feindselige Ausschließen alles „Fremden" aus dem Kreis von Einheimischen und Altsassen allein schon durch die Dialektsprache hat unzweifelhaft etwas Unmenschliches und besonders Reaktionärrisches, ob der Hintersasse nun selber Hochdeutsch sprechen und verstehen kann oder nicht. Schließt die Hochsprache den Ausländer schon nicht mehr aus, dann tut es unweigerlich die ostentativ gepflegte und wider ihn munitionierte Untermundart, die gegen hochdeutsche Muttersprache wie gegen Fremdsprachen zielsicher in Anschlag gebracht wird.

Das macht Schollen-Dialekte denkanstoßend abstoßend. Wo sie auch ideologisch auftrumpfend dominieren, hat die humanisierende Kulturarbeit ein Stück weit versagt.

Zur Ehre unseres Vaterlandes aber sei gesagt, dass Eingeborene und zugereiste Migranten im Allgemeinen reibungslos gut miteinander auskommen, solange sie eben nicht aus sinistren und mesquinen politischen Beweggründen durch zündelnde *agents provocateurs* gegeneinander aufgehetzt werden. Schließlich erbringen sie in der überwältigenden Anzahl von Fällen dem Staat sehr viel mehr Steuereinnahmen, als sie ihn an Sozialleistungen kosten mögen, wenn auch interessierte (und gemeinhin überversorgte) Kreise gern von „sozialer Hängematte" zu kannegießern belieben ...

Hasta la vista, Baby!
Kleine Philosophie berühmter Film-Zitate

Ich seh´ dir in die Augen (Ich trinke auf dein Wohl), Kleines

Viele Film-Zitate sind heutzutage viel bekannter und berühmter als die Filme, aus denen sie stammen. Sie werden in der Popkultur herumgereicht wie markante Erkennungszeichen und Gesinnungsplaketten. Eine besondere Komik soll darin liegen, sie auch in unpassendsten Situationen geschickt anzuwenden. Sie sind recht brauchbare Abbreviaturen des Zeitgeistes, handlich, für fast jedermann leicht verständlich und signalisieren einschnappende Zugehörigkeit zu den Zirkeln der Eingeweihten. Auch Intellektuelle sind sich meist nicht zu fein, sie in ihre Texte gelegentlich einzuflechten, um einen augenzwinkernden Akzent zu setzen. Kaum jemals erreichen Filmzitate das Niveau eines auch nur leidlich originellen Bonmots oder Geistesblitzes. Sie sind eher aussagekräftige Symptome für inspirierte Zeitdiagnosen ...

Im Folgenden werden einige legendär gewordene Film-Zitate vorgestellt mit kurzen Kommentaren, ohne sie totzureden. Ich bediene mich dazu leicht zugänglichen Zusammenstellungen aus dem Internet. Wahllos herausgegriffen:

**„Ich mache ihm ein Angebot,
das er nicht ablehnen kann.“ (Der Pate)**

Jeder weiß sich auf dem Markt käuflich und wartet auf das Höchstgebot : Ich bin im Leben so viel wert wie mein Marktpreis.

„Mein Name ist Bond, James Bond.“

Der britische Supermann, vom geschüttelten Whiskey bis zum schussbereiten Sportcabrio „eine einzige Absage an die Mächte der Finsternis", lädt nicht ein zur Identifikation, sondern führt jedem Zuschauer die eigene vollendete Ohnmacht vor Augen. Geheimagent Bond, "im Dienste Seiner Majestät" mit Tötungslizenz, ist im Bunde mit der geballten gesellschaftlichen Macht, die mit jeder Abweichung oder Revolte spielend fertig wird.

„Möge die Macht mit dir sein." (Star Wars)

Im ganzen Universum tobt, was auf der Erde los ist, und die einzige Rettung ist da die Identifikation mit dem überlegensten Aggressor. Von "Gott sei mit dir" zu Big Brother "Gott-sei-bei-uns".

„E. T. nach Hause telephonieren." (E. T.)

Der rührende kleine Außerirdische ist der Wiedergänger aller (50 Millionen jährlich weltweit) heutzutage abgetriebenen Kinder, die hier heuchlerisch sentimental aus der brutal seelischen Verdrängung heimkehren.

„Houston, wir haben ein Problem" (Apollo 13)

Wachsen dem Menschen seine eigenen Schöpfungen über den Kopf, flieht er zum Mann im Mond, um seine Probleme dort auch nicht zu lösen. Der sensationsgeile Zuschauer, selbst ganz hinterm Mond, lauert insgeheim auf die Katastrophe, die allem endlich ein Ende macht.

„Hasta la vista, Baby!" (Terminator 2)

Die Roboterkampfmaschine (Schwarzenegger) schickt gefühllos alle, die sich ihm in den Weg stellen, „in die ewigen Jagdgründe".

So allmächtig cool will heute jedermann sein : „Auf Wiedersehen, Kleiner!" im nächsten Leben, an das niemand mehr glaubt.

"Ich bin der Herr meiner eigenen Bestimmung." (Invictus)

Schön war's ja. Niemand ist auch nur Herr im Haus der eigenen Haut, wusste ein Sigmund Freud.

Und die Autonomie fehlt jedem Einzelnen, aber nicht deshalb, weil die Hirnforscher seinen freien Willen leugnen, sondern die Gesellschaft längst vorentschieden hat, welche Wahlmöglichkeiten offenstehen und realistisch realisierbar sind in jeder Klasse. Das Selbstbestimmungsrecht des Einzelnen ist eine utopische Fiktion, um die Bürger zu motivieren und anzutreiben, das ihnen von der Macht Zubestimmte sich zu eigen zu machen.

„Es kann nur Einen geben." (Highlander)

Wieder ein Kriegsheld statt Geistesheld, und jeder Zuschauer will der Einzige sein, der zählt, und weiß sich doch als bloß ohnmächtiges Vollzugsrädchen unter vielen im großen Getriebe. Wieder gibt nur die Überanpassung an die akkumulierte gesellschaftliche Macht das bisschen Rückgrat, das einem fehlt, und ein Zipfelchen von der akkreditierten Gesamtgewalt – als Unterwerfungsgratifikation.

„Carpe Diem. Nutze den Tag, Junge!" (Der Club der toten Dichter)

Schon der Titel des Films suggeriert höhere Kultur und Bildung und bringt es doch nur zu einem tief pessimistischen Slogan. Presse den Tag und dein Leben wie eine Zitrone aus, bis zum letzten Tropfen, hol aus allem rücksichtslos raus, was du kannst, denn wer weiß, was morgen ist! Obwohl das Leben doch viel zu erhaben ist, um nur genossen zu werden, bis der Rachen des Nichts uns endgültig verschlingt, als wären wir wie nie gewesen.

"Lauf, Forest, lauf!" (Forest Gump)

Der ebenso zurückgebliebene wie sympathische Junge, der stets befolgt, was Mama ihm immer gesagt hat, und der am Ende sein Mädchen aus der Jugendzeit doch noch bekommt, nimmt den Lebenslauf wörtlich und rennt vor der Welt der Normalen weg auf seinen bescheidenen Lebenstraum zu. Der reine Tor erreicht das Himmelstor, aber nur wie von Furien gejagte Paranoia verspricht gerechten Lohn. Wer immer strebend sich bemüht, wird mit Erfolg belohnt, auch wenn er der Geringste ist, lautet die nichtswürdige Amphetamin-Ideologie, die der Film als Trostpflaster-Botschaft bereithält.

Fehlt nur noch der Filmtipp "Lebe dein eigenes Leben", wo doch niemand originell lebt, weil er nicht einmal ahnt, was das heißen könnte, sondern als "gesellschaftliches Wesen" das grundtriviale Leben aller lebt. – "Verstehen Sie Spaß?"

Etc. Etc.
Q. e. d.

Um das Ergebnis der weiteren Recherchen mal vorwegzunehmen: Fast ausnahmslos sind es Schibboleths für den universal gewordenen Schwachsinn des perfiden Zeitgeistes. Während noch vor Jahrzehnten eine Ahnung bestand, dass Kunst vielleicht etwas mehr und anderes sein könnte, als die platte-glatte Popkultur sich so vorstellt, haben inzwischen auch Gebildete jeden Immunschutz resistenzlos verloren und vor der seichten Sintflut des lustigen Unflats bedingungslos kapituliert. Die alberne „Spaßgesellschaft" hat gesiegt, auch wo sie der Tragik des Lebens verschämt gerecht werden will.

Der Dandy des 19. Jahrhunderts, schon eine gesellschaftliche Verfallsform der "frühromantischen Ironie", ist inzwischen demokratisiert und vulgarisiert zum "coolen Typ", den nichts mehr erreicht und berührt als approbiertes massenmediales Billigfutter. Er kann sich schrankenlos wendig distanzieren und spurlos emanzipieren von allen Objekten und eigenen Affekten, nichts haut ihn mehr um. Er ist nicht stark genug, sich von Gefühlen überwältigen zu lassen, und träumt trotzdem von ekstatisch entgrenzendem Gratis-Rausch.

(Spricht hier ein pedantischer Spielverderber, der mit Leichenbittermiene auf die Goldwaage legt, was doch nur locker unterhalten will und Easy Going predigt?)

Kurzum : Fast alle kurrenten Film-Zitate honorieren allein übereifrige Überanpassung der Kulturindustrie an die „verwaltete Welt" *(Max Horkheimer)*, statt ihr auch nur eine Spur widerstehen zu wollen. Aus den Filmen, in denen diese Sätze fallen, kommt man immer etwas dümmer und roher heraus, als man hineingegangen ist, und verfestigt das noch mit jedem wiederholten Zitieren im Alltag, ob nun ironisch oder als ein kulturelles Schmierfett, das alles besser flutschen lässt.

Kern und Fassade sind nicht mehr zu unterscheiden.

Große Liebespaare der Geschichte

Nur kleine Liebe geht fremd und bricht Ehen

Ist die Liebe stärker als der Tod, wie die biblische Schrift sagt, dann ist nur das bedingungslose Sterben für den geliebten Menschen ein Liebesbeweis.

Der große frühmittelalterliche Theologe Abaelard und die junge Helouisa liebten einander, bis der Onkel des jungen Mädchens ihren Geliebten kastrieren ließ, und darüber hinaus. Konnte die Philisterin Delilah ihr Volk retten, als sie den liebestollen Samson dazu brachte, sich selbst zu entwaffnen?

Ein berühmtes Liebespaar der Geschichte lässt Shakespeare (a)gieren in „Antonius und Kleopatra" (1607). Usurpator Caesar und nach dessen Ermordung sein Erbe Antonius liebten die schöne ptolemäische Königin Cleopatra VII. vom Nil, doch sie benutzte beide nacheinander nur, um ihr bedrohtes Königreich vor dem übermächtigen Rom zu retten. Als der spätere „Friedenskaiser" Augustus auch den Antonius besiegte, beging das herrscherliche Liebespaar Selbstmord, und Ägypten fiel für lange Zeit an Rom. Das war kein großes Liebespaar, sondern nur große Weltpolitik als Geschäftsgrundlage einer passionierten feudalen Vernunftliaison.

Eher sind wir am Kern der Liebe bei Shakespeares „Romeo und Julia", auch auf dem Lande bei Gottfried Keller, wo es das absolute Gefühl heroisch zu verteidigen gilt gegen die Sippenpolitik ihrer engstirnig verbohrten Familien. Bei Heinrich von Kleist versteigt sich die Amazonenherrscherin Penthesilea zum feministischen Kannibalismus, weil sie ihren uneingestehbar Geliebten zum Fressen liebhatte.

Glut und Wut und Blut verwirren sich da untrennbar.

Goethe war entsetzt, weil jedes selbstzerstörerische Übermaß ihn abstieß. Er heiratete sein „Blumenmädchen" Christiane erst, als sie ihn unter hingebungsvoller Lebensgefahr vor Napoleons marodierenden Soldaten gerettet hatte, aber ließ seinen „Bettschatz" (Mutter Anja) unter Qualen im Nebenzimmer ohne Krankenbesuch verrecken. Auch das war große Liebe, aber nur von der gesellschaftsunfähigen „dicken Vulpius" aus dem Volke, die allein von Schopenhauers Mutter zum Tee eingeladen worden war, doch geschnitten von der eifersüchtig kalten Frau von Stein und den übrigen fashionablen Weimarer(inne)n.

In Goethes "Faust" stirbt eine „dumme Gans" am Egoismus eines großen Gelehrten und Umweltfrevlers, der einen Pakt mit dem Teufel schließt, um doch noch in einen marianischen Himmel zu kommen. Wunschtraum eines unheilbaren Narziss, um mit der hehren Helena einen ätherischen Euphorion zeugen zu können?

Die hehren Leinwandhelden Elisabeth Taylor und Richard Burton bildeten ein massenmedial erfolgreiches Glamourpaar, das seine amüsant turbulente Wahrheit fand in dem verfilmten Theaterstück „Wer hat Angst vor Virginia Woolf?" von Edward Albee. --- Endlose Hassliebesszenen vor laufendem Boulevard, doch auch eher eine geschäftig inszenierte Amour Fou als die unendliche romantische Liebe ohne Erfüllung.

Da war die Liebe des edlen Ritters Don Quichote zur schönen Dame Dulcinea aus dem Mägdestall ungleich tiefer, aber auch nur literarischer erträumt.

Der zwischen Klassik und Romantik dichtende Hauslehrer Fr. Hölderlin verliebte sich "unsterblich" in die kinderreiche Frankfurter Bankiersgattin Susette Gontard und wurde vom eifersüchtigen Gatten mit Schimpf aus dem entehrten Haus gejagt. Seine "Diotima" starb jung an Röteln, und ihr Geliebter kam geisteskrank aus Frankreich zurück, um sie und sein Genie noch um Jahrzehnte im Tübinger "Hölderlinturm" zu überleben (von einer jungen Zimmermannstochter verehrend gepflegt).

Der klassische Urhumanist Petrarca besang eine unerreichbare Donna Laura in unsterblichen Versen wie Dante Alighieri seine Beatrice, aber das waren nur glühend ungelebte Phantasmen. wie Mörikes alter Jugendtraum von der schönen Landstreicherin Maria Meyer ("Peregrina").

Romantische Liebe ist unerfüllbare Passion, Leidenschaft, die Leiden schafft. Davon träumen alle, denen heute eine prosaische Ikea-Matratze und trostlose Kiste Bier genügen. Bis heute ist Liebe über ganze gesellschaftliche Klassenschranken hinweg verpönt, Geld fickt Geld, Bildung bumst gute Manieren, soziale Inzucht blüht. In den allerteuersten Kavalier-Schlitten sitzen die hübschesten Mädchen. "Freier Sex" von jedem mit jedem von gleichem Stallgeruch, als würde Liebe jemals frei sein statt ewig gebunden sein wollen. Seit es die Pille gibt, sind ganze Liebestragödien der Kunstgeschichte obsolet geworden, Goethes "Faust" vorweg. Vielleicht ist Geschlechterliebe doch etwas anderes und mehr als ein durstiger Schluck Wasser oder gutbürgerlicher Nervenkitzel mit todtrauriger Klimax.
Wer wirklich verrückt nacheinander ist,
hält das Kondom für eine Gummizelle.

Mit Adam und Eva begann, dass wir alle abstammen vom brudermörderischen Bauern (!) Kain und nicht vom nomadischen Hirten (!) und Gottesgünstling Abel. Der Erbsündenfall des ersten

Elternpaares, die Vertreibung aus dem Nomadenparadies, führte nur zum verfluchten Ackern auf dem Felde und bestand aus dem Essen von Baum der Erkenntnis, wie die himmlische Schöpfung zu einem bloßen Rohstoff für alles nur verschlimmbessernde menschliche Schöpfungen gemacht werden könnte.

"Bonnie und Clyde" waren in den Dreißigerjahren des letzten Jahrhunderts ein von saturierten Bildungsbürgern später schwarz-romantisch verklärtes Gaunerpärchen, immerhin im realen Leben jenseits der Literatur und der guten Gesellschaft, die sie lange beraubten : Eiskalte Verbrechen eines jungen Liebespaars, aber nicht aus besinnungsloser Liebesleidenschaft.

Erst eine kultige Popverfilmung ihres kurzen Lebens bis zum finalen Schusswechsel schuf ihren melodramatischen Mythos für eine ganze hippe Studentengeneration, die psychologische Lockerungs-übungen anstrebte.

Die zwei unzertrennlichen Sagengestalten Philemon und Baucis bewirteten die unerkannt verkleideten Himmlischen und wurde zum Lohn nach ihrem Tode zu nachbarlichen Lindenbäumen im Wind.

Nietzsches "letzter Mensch" ist der philiströse Pfahlbürger, "ein Lüstchen für den Tag, ein Lüstchen für die Nacht". Lieber wollte der ewige Pechvogel nichts und niemand als so etwas sein.

Wahre große (feudale?) Liebe wollte Honoré de Balzac in seinen pubertären Romanträumen von der großen Welt verherrlichen, aber gegen die eitle Macht von Geld und Prestige, die er gleichwohl verehrte im "Glanz und Elend der Kurtisanen". Sich bedingungslos wegwerfen ohne Kalkül, bis zum Tod sich aufopfern für ihre besinnungslose Verliebtheit in einen ganz Unwürdigen, das ist der Triumph der unbürgerlich großen Liebe, die mehr ist als romantische Schwärmerei. Allein die junge und arme Prostituierte Coralie liebt wirklich den aufstrebenden Journalisten Lucien de Rubempré, der im entscheidenden Moment existenziell versagt und sich am Ende umbringt.

Nur Coralie liebt so absolut, wie der unkorrumpierbare Journalist d´Arthez schreibt.

Balzacs Held(inn)en der ungeschmälerten Erfüllung gehen keine faulen und "vernünftigen" Kompromisse ein mit der feilen, geilen sozialen Realität.

"Und nun zu uns!", ruft ein Rastignac, einer der berühmtesten ehrgeizigen Helden Balzacs, als er aus der Provinz kommt und auf Paris herabschaut, um sein Glück zu machen.

Er versagt wie Flauberts Helden.

Gustave Flaubert schildert in "Lehrjahre des Herzens", wie zwei junge Provinzler ihre hochfliegenden Ideale am Ende verraten an ein schäbiges, kleinbürgerlich ermäßigtes Dutzendglück. – In der ehebrecherischen "Madame Bovary" ist der betrogene Gatte der eigentliche Held der Geschichte, wie Jean Améry richtig erkannte. Die langweilige Emma flieht vor dem vermeintlich langweiligen Arztgatten in die Arme eines Windhunds wie Fontanes Effie Briest vor dem "Angstapparat" ihres Mannes in die Arme von Major Crampas. Diese beiden verwöhnten Kleinbürgerinnen sind hart gestraft, aber keine großen Liebenden.

Lebt Kunst von der Verletzung der Zehn Gebote, wo kurze Sinnenlust von zweien mit sinnlosem Leid von vielen erkauft wird?

Der stets unglücklich liebende hässliche Stendhal (alias Henri Beyle) wusste in seinen Romanen großherzig Liebende wenigstens glaubhaft zu schildern.

Berühmt sind die leidenschaftlichen Liebesbriefe der "dummen" Portugiesin Louise Labé an ihren untreuen und bindungsunfähigen Geliebten, dem sie unverbrüchlich die ehelose Treue hielt.

Hatte der antike König Ödipus, der unwissentlich (oder nur bewusst unbewusst) seine geliebte Mutter Iokaste heiratete und seinen verhassten väterlichen Nebenbuhler tötete, wirklich einen verdrängten Ödipuskomplex, wie Uranalytiker Sigmund Freud suggerierte, und ist dieser Komplex der psychologische Kern allen kulturell notwendigen Triebverzichts? Oder war dieser Ödipus, wie Immanuel Velikowsky vermutete, eigentlich der ägyptische König Echnaton, der Nofretete in Inzucht heiratete, während sein schwuler Vater Amenophis III. in Frauenkleidern herumlief und Mutter Teje ...

Oder ging Freuds "Komplex" umgekehrt von der Mutterfigur aus, die ihren Sohn (unbewusst) ödipal an sich band, um ihn scharf zu machen und in feministische Kriege zu schicken gegen ihren verachteten schwachen Gatten, der ihr allzu lästig wurde? Freud schrieb, dass die Libido seiner Theorie identisch sei mit dem platonischen Eros im Dialog "Symposion".

Das modisch emanzipierte Alptraumpaar Beauvoir-Sartre führte eine kinderlose Ehe ohne Trauschein, in der jeder dem anderen beliebige, infame Freiheiten zu lassen versprach. Die Philosophie-lehrerin "Castor" litt unter Eifersucht, führte aber ihrem lausigen Geliebten "Pollux" (Spitzname "Poulu") immer wieder minderjährige Schülerinnen aus ihren Klassen zu, und beide gestanden einander in unzähligen Briefen alle Affären in allen schmutzigen Details. Den ersten Orgasmus verschaffte ihr nicht der bewunderte Student Sartre, sondern viel später der amerikanische Autor Nelson Algren, während der überaus hässliche und deshalb überaus charmante Jean-Paul Sartre Frauen eingestandenermaßen viel lieber masturbierte als penetrierte. Die dann mit einer Schülerin bisexuell lebende

Urfeministin de Beauvoir ("Das andere Geschlecht", Paris 1949) blieb Sartres Intimfeindin, die ihn wohl hinderte, jemals wirklich erwachsen zu werden. "Sartre ist ein Genie, ich bin es nicht." Sie adoptierte wie er je eine Geliebte, und beide nannten das ihre Familie, als sie seit Mitte Dreißig längst nicht mehr miteinander schliefen.

Das großbürgerliche Schriftstellerpaar hasste das Großbürgertum seiner Herkunft zeitlebens und nannte sich „sozialistisch".

Martin Heidegger, der wohl berühmteste Philosoph des 20. Jahrhunderts, hatte neben seiner nationalistischen Gattin Elfriede eine Affäre mit der jungen Studentin Hannah Arendt, die von Günther Anders sich getrennt hatte, nach Heideggers rechtslastigem Polit-Engagement lieber den proletarisch autodidaktischen Kommunisten Heinrich Blücher heiratete und doch an den „verlogenen" Heidegger zeitlebens seelisch gefesselt blieb.

Es waren zwei (mythologische) Königskinder, die ein durch-schwimmbares Meer nicht trennen konnte. Als Königssohn Leander laut Ovid ohne ihr Leuchtfeuer ertrank, folgte ihm Priesterin Hero in den Tod.

Der englische König Heinrich VIII. verschliss mehrere Frauen, die ihm keinen ersehnten männlichen Erben schenken konnten, wie die junge Anne Boleyn, deren Hochverrat er dann dem Henker übergab.
Um sich von seiner katholischen spanischen Gattin scheiden lassen zu können, gründete er sich die anglikanische Nationalkirche gegen Rom mit Hilfe eines Bischofs. – Aber ein großes Liebespaar?

Der geniale Frühromantiker Friedrich Schlegel ehelichte die Mendelssohn-Tochter Dorothea, die sich dazu mit einem Sohn von ihrem Gatten Veit trennte und für Schlegel katholisch taufen ließ – nicht nur vom Protestanten Hegel bissig verhöhnt.
Ein großes Liebespaar gegen die große Welt.

Ehegatte Rainer Maria Rilke pflegte eine Liebesbeziehung zu Lou Andreas-Salomé, die Nietzsche abgewiesen hatte, sich weigerte, ihre Ehe mit dem Orientalisten Andreas auch nur zu vollziehen, und bei Freud zur Psychoanalytikerin wurde. Am Ende ließ der feminine Rilke sich nur noch von hochmögenden adligen Verehrerinnen aushalten, nachdem er Sidonie Nadherny von Borutin eifersüchtig einem Karl Kraus entfremdet hatte mit Hinweis auf dessen Judentum.

Auch kein wirklich großes Liebespaar …

Kognitive Dissonanz und produktive Resignation

Meine These vorweg : Eine kognitive Dissonanz braucht nicht praktischen Konsens und kein konsonantes Aktionsgetue, sondern Theorie und nochmals reine kognitive Theorie.

Alternativen zu den Alternativen?

Zu empfehlen ist gelassenes individuelles Desengagement und Flucht vor allem, was nach kollektiver Politkampagne riecht, riet einst ein kluger Mann.

Wird der Normalverbraucher mal hin und her gerissen zwischen widerstreitenden Erkenntnissen und Bedürfnissen, neigt er dazu, sein bedrohtes Gleichgewicht sich wiederzugewinnen durch *schreckliche Vereinfachung* oder Unterwerfung unter den jeweils mächtigsten Impuls(geber) – mit geistigem Vorbehalt natürlich, der langsam einschläft. Sich ständig offen zu halten für irritierende Zwischenrufe und Revisionen geprüfter Überzeugungen, ist so anstrengend wie das Dauerschwanken zwischen gleichstarken, aber eher gegenläufigen Interessenrichtungen. Schwindler machen geschwind schwindlig. Am leichtesten ist die innere Sicherheit zu erlangen durch Anschluss an eines der kollektiven Meinungslager im Konkurrenzkampf der Konfliktparteien, die ihre Lösungen feilbieten auf dem medialen Markt. Entlastende Gruppendynamik ersetzt dann die unbestochen einsame Wahrheitssuche z. B. in der Beurteilung politischer Geschehnisse oder Versäumnisse bzw. gesellschaftlicher Tendenzen oder Wünschbarkeiten. Das Problem hat eine psychologische und eine etwas grundsätzlichere philosophische Seite, die an dieser Stelle kurz angerissen werden soll.

Die einzige authentische Haltung des Intellektuellen heute ist kreativ werdende Resignation angesichts der Unveränderbarkeit des zugleich versteinerten und zerrütteten Bestehenden, statt sich in leerlaufenden Aktionismus zu flüchten, der seine tendenziellen Verschlimmbesserungen der Lage nicht einsehen will. Theorielose Bastelei an Symptomvermeidungsstrategien verschafft sich leicht ihr gutes Gewissen. Im Durchschnitt wird heute viel zu viel getan statt zu wenig. Schlafmützen suchen ja keine Unruhestifter, sondern Dauergestresste und Gehetzte umgekehrt endlich Stille, die sie aber gleichwohl überhaupt nicht mehr ertragen könn(t)en, um in Ruhe nachdenken zu lernen.

"Ruhe ist das erste Bürgerrecht." (*Johannes Gross*)

Im Übrigen leben Essay und Aphorismus, die bevorzugten Äußerungsformen von Moralisten seit dem 17. Jahrhundert, von der Unauflösbarkeit der Paradoxien und "kognitiven Dissonanzen", welche die gesellschaftlichen Antagonismen exakt wiedergeben und nur noch durch Ideologien aufgehoben werden können. *Kognitive Dissonanz* ist keine Geisteskrankheit, sondern eine getreue Wiedergabe des widersinnigen Weltzustands.

Während Hegels Dialektik alle geistigen und sozialen Widersprüche, den Motor der Geschichte, schließlich in den vernünftigen Fortschrittssynthesen aufhob, betonte die Frühromantik um Friedrich Schlegel und Novalis zum ersten Mal, dass eine Versöhnung des Unvereinbaren nur durch falsches (also ideologisches) Bewusstsein möglich sei.

Adorno griff das später auf und entwickelte seine "Negative Dialektik" gegen die stets falsch erschlichene Aufhebung kognitiver Dissonanzen zwischen Individuum und Allgemeinheit, Gott und der Welt, Erscheinungen und Wesensbegriff (Idee), Sein und Bewusstsein, Natur und Kultur, Leib und Seele und Geist, Kopf und Herz und Bauch, Realität und Moralität, Pflicht und Neigung, ja, Umwelt und

Wachstum, Kapital und Arbeit, Arm und Reich – durch konsonante Harmonisierungen. Widerspruchsspannungen seien auszuhalten und reflexiv bewusst festzuhalten, ohne aktionsideologisch weggeschlichtet zu werden.

Die Aufhebung des Widerspruchs von Theorie und Praxis wurde nur eine schöne Theorie – oder Theologie. Und die Unvereinbarkeit gleichberechtigter sittlicher Pflichten führt zur Unentschiedenheit, die sich mit Entscheidungsfreiheit verwechselt. (Dazu war beim Kieler Neophänomenologen Hermann Schmitz manches zu lernen.)

Alles verspricht ja heutzutage "lückenlose Aufklärung" und "völlige Transparenz", doch nichts nimmt in den fortgeschrittensten Hochindustriegesellschaften mehr zu als die Undurchsichtigkeit aller Verhältnisse und die Unmöglichkeit, sich im Gewirr der medialen Infotainments ein sachlich begründetes Urteil zu verschaffen, den Durchstich des gewöhnlichen Sterblichen zur Realität.

Was auch praktisch und kollektiv unternommen werde, verstärke im gegenwärtigen Weltzustand das herrschende Unheil nur noch mehr ins Unabsehbare. Die Welt, so wie sie ist, ist das Werk von allzu aktiven Leuten, nicht von Menschen, die nichts tun und nur erkennen und benennen wollen, was ist ...

"Das Universum ist kein System, d. h. logischer Zusammenhang, sondern eine hierarchische Struktur von Paradoxen." *(Nicolas Gomez Davila*, Bogota).

Kurz : Kognitive Dissonanz braucht nicht praktischen Konsens und konsonantes Aktionsgefuchtel, sondern Theorie und nochmals Theorie der Widersprüche und des Widersprechens. Beiseite im einzelgängerischen Abseits des Herrgottswinkels mögen hier und da vielleicht noch verlässlichste Einsichten gelingen.

Ambivalenz: Mindestens zwei verschiedene oder gar unverträg-
liche Bestimmungen konkurrieren um Identität mit derselben Sache
und geben ihr eine „instabile Unentschiedenheit", definiert der
Phänomenologe. Die Welt schillert, selbst ihr Schillern oszilliert.
Zotige Zweideutigkeit bis zur künstlerischen Vieldeutigkeit sind der
Fundus des Humors gegen alle Basta-Eindeutigkeiten des Lebens.

Auch die Ambivalenz von allem wäre selber ambivalent darzustellen.

Humorist Jean Paul (Richter)

Er ist einer unserer unbekanntesten Klassiker, ja, einer der verkanntesten Genies der deutschsprachigen Literatur, eher ein Geheimtipp von Schriftstellern für Schriftsteller geblieben. Zu Lebzeiten lasen ihn vor allem die Frauen, die sich von seinen Romanen wie "Hesperus" endlich einmal wirklich verstanden fühlten und ihn später in Weimar so umschwärmten, dass er sich ihrer privaten Heiratsanträge kaum mehr zu erwehren wusste. Für Literaturwissenschaftler schrieb er zu romantisch, um noch zur deutschen Klassik zu zählen, und doch zu klassisch, um schon zu den Romantikern zu zählen. Das Treiben der frühromantischen Original-genies um Fichte, Schlegel und Novalis verspottete er in seinem "Titan", aber Goethe und Schiller sahen ihn auch eher befremdet wie "vom Mond gefallen".

Bis heute gelten all seine Werke als ausnehmend "schwierig". Sie wirken wie Gebäude, wo jeder Stein selbst wieder ein ganzes Haus für sich ist. Der Lesefluss wird ständig unterbrochen, weil man über fast jeden Satz erst stolpert und ins Grübeln kommt, statt sich wie gewohnt einem aalglatten "Flow" überlassen zu dürfen. Dieser einfallsreiche Trivialitätensaboteur schmeichelt niemals unserer Bequemlichkeit und ist doch ein großer Humorist (wie Sigmund Freud). Seine spezielle und ziemlich seltene Art von Humor ist das permanente Wechselbad zwischen Rührung und Ernüchterung, Sentimentalitäten und Eiswasserduschen, zwischen Idyllik und Satire. Sein Verfahren rechtfertigte er 1804 in der "Vorschule zur Ästhetik" (§ 31 f.). Günter de Bruyn beschrieb 1975 sehr einfühlsam und lesenswert "Das Leben des Jean Paul Friedrich Richter", der aus allerärmsten Verhältnissen sich in den literarischen Olymp emporschrieb (und von Hegel zum Doktor ehrenhalber ernannt wurde). Leider starb er schon mit 62 Jahren – wie Fichte, Chesterton und auch Kraus.

In der Bayreuther "Rollwenzelei" erdachte er bei viel Kaffee und Wein seine humoristischen Romane: "Flegeljahre", "Schulmeisterlein Maria Wuz", "Quintus Fixlein", "Siebenkäs", "Dr. Katzenbergers Badereise" und (von Arno Schmidt bewunderter) "Komet", voller phantastischer Abschweifungen, essayistischer Einschübe, sprach-artistischer Kapriolen und – auch witziger Aphorismen. Denn Jean Paul ist als Humorist auch Aphoristiker, vielleicht neben Nietzsche unser allergrößter (statt des immer genannten Lichtenberg). Seine etwa 40.000 nachgelassenen Geistesblitze sind bis heute noch nicht alle veröffentlicht – ein literaturwissenschaftlicher Skandal erster Güte. (Leibgeber ist wohl die weltweit einzige Romanfigur, die Aphoristiker ist.) Die bemerkenswerten "Bemerkungen über uns närrische Menschen" wurden dann wie seine lebenslang gesammelten Lesefruchtexzerpte geschickt in die Romane eingearbeitet.

Humor ist, wenn man trotzdem wiehert

Der Zeitgenosse unterscheidet nicht mehr groß zwischen Humor, Komik, Comedian-Comedy, Kabarett, Satire, Witz und Schmäh. Hauptsache, es ist zum viehischen Wiehern oder wenigstens feisten Grinsen. Fast alles ist zu Hohn und Spott freigegeben, nur weniges bleibt noch einigermaßen tabu.

Otto Bierbaum sagte ja niemals : Humor ist, wenn man trotzdem wiehert. Der versöhnliche, alles verzeihende und verstehende bis goldene Humor weicht heutzutage gern der bissigen Satire, die aber zunehmend von ihren Gegenständen hilflos abgleitet in Selbstsatire des Satirikers, denn Satire wäre heutzutage umso notwendiger, je wirkungsloser sie mit Pokerface verpufft zu halb einverstandenem Entertainment. Man macht ja immer nur Spaß, wo ein Karl Kraus Ernst machte.

Die Satire sagt : *Dies* behauptet etwas zu sein, doch *das* ist es wirklich! Aber heute gibt es keinen winzigen Spalt mehr zwischen Sein und Bewusstsein, wo Satire ansetzen könnte, analysierte Th. Adorno in "Juvenals Irrtum" („Minima Moralia"). Alles soll heute wirklich genau das sein und als das genommen werden, was es zu sein beansprucht und vorgibt.

Jemand sagte mir, der moderne universal gewordene Schwachsinn des Geplappers sollte beim Namen gerufen werden, indem er durch einen noch größeren Schwachsinn zu überbieten und ad absurdum zu führen wäre. Aber auch diese Volte würde als lustiger Salto-Mortale-Purzelbaum inzwischen nur ins Leere laufen, steht zu fürchten : Der Rezipient liest dann eben nur verharmlosenden Nonsens, über den noch sein eigener Flachsinn sich grienend erhaben fühlen darf.

Kein Ausweg in Sicht. Nur blutiger Ernst sei dem herrschenden Unheil noch gewachsen, befand Adorno bündig. Damit will ein „Humorist" und passionierter Niedersachse wie <u>Dietmar Wischmeyer</u> sich nicht abfinden, der z. B. in „Frühstyxradio" bis TV-„Heute-Show" auftrat und mit seinem „Deutschbuch", „Logbuch", „Schwarzbuch" und „Reisen durch das Land der Bekloppten und Bescheuerten" tourte. „Realsatiriker" aus „Absurdistan"? „Wischmeyer benutzt das Florett wie einen Vorschlaghammer – und umgekehrt" (Kollege Jürgen von der Lippe). Rezensenten schrieben vollmundig von sprachlichem „Fallbeil" mit „Senkgrube", „schwarzhumorig und wortgewaltig", „hinreißend niederträchtig" und „saukomisch".

Da geht es ungleich anal-vulgärer und respektloser zu als etwa beim hintergründig sanften Max Goldt oder schon polternderen Bajuwaren Gerhard Polt. Aber ich fürchte, auch ein geschätzter Dietmar Wischmeyer erreicht nicht den springenden Angelpunkt, sondern bleibt wie der Franzose Dr. Ferdinand Céline ein begabter Sprachkotzer, dem langsam aber sicher vor schier überanstrengtem Antikunstwillen die derbstsatirischen Schimpfwörter und erfrischendsten Beleidigungssuperlative auszugehen drohen, bevor das Ganze mehr werden kann als eine neue originelle Unterbietungsspirale der globalisierten Bespaßungsindustrie. Auch endlos und virtuos variierte Beleidigungskomposita schaffen allzu oft nicht genug erfreuliche Abwechslung in der nur ermüdenden Monotonie einer heißlaufenden Kloakalsuada, die ihre asozialen Angriffspunkte unter Schrottbergen von wuts(t)imulierendem Sprachschutt schließlich nur noch verbirgt. Wohl niemandem bleibt darüber das Lachen im Halse stecken, wo er vor sich selbst erschrickt.

Dieses Sprachtrommelfeuer nivelliert alle seine missbrauchten Anlässe und lässt kurioserweise nur noch ein (ironisches?) Loblied auf Kumpelsuff und Motorradfahren übrig. – Schade ...

Ausgrenzen oder einsperren?
Inkludieren Sie mich nicht so, bittschön!

Die Inklusion als Menschenrecht ist in der internationalen Behindertenrechtskonvention als Ziel festgeschrieben, also eher eine weitgehend (an)erkannte soziale Aufgabe als eine gesellschaftliche Gegebenheit. Wenn sie etwas mehr sein will als selbstverständliche Integration von entwicklungsgestört Zurückgebliebenen, die mit dem Zeitgeist nicht so ganz mitkommen, sondern Integration jedes Individuums ins gesellschaftliche System, wird sie ideologisierte Zwangsvergemeinschaftung.

Die Familie ist nicht die „Keimzelle der Gesellschaft", sondern die Gesellschaft in Wahrheit eine Todfeindin der Familie, und jedes Individuum, das eines sein will, ist in seiner Familie besser aufgehoben als in „Volksgemeinschaften" oder „Volksdemokratien", wobei „organisch gewachsene" meist eiskalt organisiert sind. Der einzelne Mensch ist gar nicht zu ändern. Es gilt nicht nur, Sozialstrukturen zu schaffen, die unfreiwillige Außenseiter zu willkommensten In-sidern von verschworenen Kollektiven machen, sondern auch das ungeschmälerte Recht sicherzustellen, konspirative Ingroups jederzeit ungestraft verlassen zu können. Das Recht, sich selbst zu exkludieren, ist so wichtig wie das Recht, inkludiert zu werden. Die Inklusion darf kein Einschließen und Wegschließen in Zwangskollektive werden, und Exklusion kann auch Freisetzung von mehr oder weniger sanfter oder unausgesprochener Zwangsinklusion bedeuten.

Allgemeines Recht auf Teilhabe an kulturellen Gesellschaftsveranstaltungen, die nicht nur Verunstaltungen des Individuums anstreben, muss auch Recht auf Distanzierung von Integration inkludieren. Ausgrenzung ist per se nicht gewalttätiger als etwa Gefangenhalten oder ein Ausreiseverbot. Mancher zum Behinderten Deklarierte, der sich nur dem jeweilig angesagten Zeitgeisttrend verweigert, sollte froh sein, nicht mitmachen zu müssen beim allgemeinen Mitmach- oder Nichtmitmachtheater, also sich nicht inkludieren lassen zu müssen. Habituelle „Betriebsnudeln" allerdings sind geistig Behinderte, die sich gleichberechtigt zu einem jeden angedrehten Sozialklimbim drängeln.

Was die Inklusion von sexuell Andersbegabten betrifft, scheint es ratsam, Schwule und andere Diverse nicht zu diskriminieren und zu verfolgen, aber auch nicht zu tolerieren, dass sie z. B. Kinder adoptieren und psychosexuell beeinflussen, also die Kompetenz von konventionellen Mann-Frau-Familien immer gleichberechtigt zu beanspruchen. Unbestreitbar notwendiger Minderheitenschutz sollte seltener zu einer Mehrheitsdiskriminierung führen dürfen. Moderne linksliberal orientierte Hochindustriegesellschaften sind inzwischen schon so weit homosexualisiert, wie die *Kritische Theorie* der Frankfurter Schule diagnostizierte, dass stinknormal heterosexuelle Unterschichtmütter inzwischen diskriminiert werden, wenn sie es voller Vernunft vorziehen, zuhause mit ihren Kindern ganze Kulturen zu erarbeiten, statt als Putzfrauen jobben zu gehen oder sich ans Fließband zu stellen, um auch den nächsten PKW oder Urlaub mitzufinanzieren. Denn eine gestandene Unterschichtmutti wird viel leichter mit ihrem Gatten fertig als mit ihren Firmenchefs.

Primär sind eher die traditionell binäre Kernfamilie und (schon marginalisierte) Großfamilie zu fördern, nicht die Diversenpartner-schaft, welche aus allen Lautsprechern ohnehin sich großspurig breitmacht und die Medien beherrscht. Die Loveparades der Gay Communities sind bereits die Militärparaden von morgen und an freiwilliger Lächerlichkeit oftmals kaum zu überbieten. Damit tun „Diverse" sich selber Bärendienste an. Mann und Frau und Kind verschwinden inzwischen fast hinter psychosexuellen Paradiesvögeln, die viel mehr fordern, als nicht verfolgt zu werden und sich nicht verschämt verstecken zu müssen. Was sagt der Himmel? Lev 18,22 / Lev 20,13 / 1.Kor 6,9 / Römer 26,27.

Auch der Humor ist eine eher humanere Form der Inkludierung von bisher habituell Ausgegrenztem, wie der Kompensationsphilosoph Odo Marquard humorvoll erkannte. "Ein Händedruck hält fest, aber Fußtritte treiben voran." Geht es da noch um Lebensgefährten gegen Lebensgefahren?

Ausgegrenzte werden häufig die Eingeschlossenen
aller Ausgeschlossenen.

Ein Individuum ist stets der Ausgeschlossene
aller Ein- und Ausgeschlossenen.

Kunstgemurmel ...

"Schreibblockaden" sind heutzutage gesunde Reaktionen auf das Übermaß an Buchpublikationen. Man sollte ihnen gehorchen und hoffen, dass sie lange anhalten. Es wird schon viel mehr geschrieben und publiziert als gekauft und gelesen. Und ist nicht mindestens die Hälfte aller Bücher überflüssig (meine inklusive)? Die Autoren hatten dabei zumeist mehr Vergnügen als die Leser. Schreibwut ist wie Alkoholismus eine Krankheit, unter der andere auch zu leiden haben. Schreibblockaden sind oft schon Therapien. Weniger ist mehr. Aber wer kann schon Freude haben am Schreiben, das keine Qualität hat? Qualität ist ja eben nicht nur Ansichtssache, wie so oft und gern trompetet wird, und nicht jeder hat Geschmack. Ich habe kein Problem mit dem Überangebot an Trivialschund, aber es wird immer schwerer, die wenigen Goldkörner unter Schrottbergen zu finden. Leider ist auf diesem Feld alles allzu klar, d. h. stockfinster. Zwischen nur für sich selbst und für ein Millionenpublikum schreiben gibt es ja auch noch etwas. Wer "Marketing" nutzt, hat sich doch schon disqualifiziert. Man schreibt als Individuum für andere Individuen und nicht für Kollektive. Der ernst zu nehmende Autor schielt auf kein Publikum, sondern wirft als Unikum ein Unikat in den Ring und verschwindet dahinter, statt Goldklumpen an Land ziehen zu wollen mit kulturindustrieller Dutzendware. "Harry Potter" ist nur handwerklich geschickt aufgemachte Trivialliteratur, die deshalb Massenabnehmer findet, alles andere als ein "Unikat". Vor allem infantile Erwachsene sind nicht zufällig begeistert davon. Lieber ewige Schreib- und Leseblockaden als solche Kulturindustrien! Zur Frage nach der Trivialliteratur : Kunst ist keine Demokratie in dem Sinne, dass einfach die Mehrheit oder jedermanns Geschmacklosigkeit entscheidet, was Kunst und was Kitsch ist. Zum Kunsturteil gehören viel Erfahrung, Disziplin und Training. Fachphilosophie wird von

Naturwissenschaftlern gewöhnlich nicht als trivial abgetan, sondern nur als allzu subjektiv. Aber es gibt trivialere Philosophen wie etwa John Locke (oder vielleicht Herrn *Precht* heute). "Meinungen" sind stets subjektiv bzw. privat, doch manche objektivierbaren Kunst-urteile treffen kompetent Kunstwerke, die in originellen Fiktionen objektive gesellschaftliche Sachverhalte treffen. "Abwerten" ist oft gut und sogar notwendig, um Spreu vom Weizen zu trennen im Kulturbetrieb. Schuhzubinden ist sicher eine trivialere Kulturtechnik als die Wissenschaft davon. Wenn man dir folgt, bleibt nur die triste (und recht triviale) Einsicht übrig, alles sei subjektiv und damit beliebig begründbar oder anfechtbar, je nach Laune, auch 1 = 1. Dann aber gibt es nur noch "perspektivische" Argumente, also gar keine, und alles versinkt in einem absoluten (also paradoxen!) Relativismus. (Das ist wieder nur theorieabhängige Philosophie, *Hilary Putnam* z. B. vertritt sie : Jede Wahrheit stehe und falle mit ihrem vorgängigen theoretischen Rahmen.) Dein Solipsismus scheint mir ein unprakti-kabler Pragmatismus, weil er sich schnell selbst aufhebt. Wenn alles gleichberechtigt und gleichwertig wird, wenn gut ist, was jemandem nützt und guttut, steht alles in jedermanns egoistischem Belieben.

Niemand oder jeder hat dann Recht oder Unrecht. Wer will, verteilt seine Likes und Dislikes, und das wär's dann! Wenn alles gleich ist, wird es gleich-gültig, also trivial wie A = A. Dann wäre auch moralisch Unrechtes gleichberechtigt und gleichwertig und dürfte nicht mehr mit gutem ("objektivem") Grund abgewertet werden. Du selber tust ja, was du doch "absolut verwerflich" findest, wertest ja auch ab, z. B. mein Abwerten wie jedes Abwerten. Mit welchem (bezweifelbaren) Recht? Apropos Kant. Wer ihn reduziert auf die allerdings trivial subjektive Allerweltsweisheit, alles sei eben nur subjektiv und hänge vom Auge und Geschmack des Betrachters ab (von wem aber hängt der ab?), macht ihn doch erst trivial durch seinen trivialen Blick. Kant hat solchen Quatsch niemals behauptet.

Und ist Hegels komplexe "Wissenschaft der Logik" trivialer als die "Stringtheorie" der Kosmologen? Sind die Blicke der Physiker und Metaphysiker aufeinander gleichwertig und gleich-gültig? Ich werde mich hüten, "trivial" in deinem Sinne weiter zu definieren. Du würdest es sofort wieder beliebig subjektiv nennen und damit ad absurdum führen (wollen). Nur so viel : Philosophie z. B. ist weder nur subjektive Meinung noch wissenschaftliche Theorie, sondern vielleicht nur die hochreflektierteste aller Künste, die speziell über das Ganze und unsere Stellung darin spricht. Sie denkt nur methodisch über das Denken und über alle Gedanken anderer nach, und versucht, deren Geltungsanspruch abzuklopfen. Sie reflektiert etwa noch einmal (auf etwas höherer metasprachlicher Ebene), was du über bloße Meinung, Perspektive und Subjektivität so sagst. Sie ist einfach ihrer Tendenz und ihrem Anspruch nach nur reflektierter als andere menschliche Tätigkeiten. Sie will die Perspektive sein, über alle anderen Perspektiven nachzudenken, auch über ihre eigene. –

Sokrates sagte, die Menschen wissen "eigentlich" gar nicht, was sie so tun und sagen ... Auch ästhetisch Misslungenes muss erkennbar und namhaft gemacht werden. Mittelmäßiges ist in der Kunst auch schon Missglücktes und will als solches anderen zur Mahnung angezeigt werden. Man lese dazu Kants "Kritik der Urteilskraft" und dann Adornos kompetente "Ästhetische Theorie" (1970). Diese Werke sind die Definitionen von "Kunst", "Kitsch" und "trivial" auf bisher höchstem Reflexionsniveau. Und das alles soll laut welcher "Meinung" wieder bloße "Meinung" sein? Da wird's albern. Du willst oder kannst auf meine Argumente gar nicht eingehen, sondern wiederholst nur gebetsmühlenartig deine bloße Meinung, dass es nur bloße Meinungen gebe. Und Meinungen wollen und können gar nicht bewiesen oder widerlegt werden, da sind wir doch einig, und das war hier nie strittig. Aber du behauptest ja einfach unbewiesen wie unbeweisbar, dass es keine Urteile und Argumente gibt, die keine bloßen Meinungen sind. Niemand philosophiert, der nur "Freude" daran hat und keine objektive Wahrheit durch "Anstrengung des Begriffs" *(Hegel)* anzielt. Und wer schreibt nur, weil er mal pinkeln muss oder *Goodies* sucht, und nicht auch, um uns etwas Besonderes, Lesenswertes und Gelungenes anzubieten? "Ich lobe dich, damit du mich lobst" -- wird bei mir nicht gelobt. Ich "unterstütze" Autoren, indem ich sie so kompetent wie mir möglich kritisiere, um sie anzuspornen oder -- zu mehr oder weniger langen Schreibblockaden zu ermutigen. Lieber ein konstruktiver Verriss als nur nichtssagende Likes und Dislikes! Deine Meinungen haben ihren Grund in dir selbst und nicht im gemeinten Sachverhalt. Lieber von Sachkundigen gerügt als von ahnungslosen Dummköpfen gelobhudelt! Mich kann man nicht ärger verreißen als durch das schmeichelhafte Lob „Toll, super! Und wenn du auch mal in meine Sachen schauen möchtest …“

Man darf unsereins nicht zu zärtlich anfassen, das macht nur dreist.

Die Politik des Zeitgeistes
im Zeitgeist der Politiker

Worin besteht der Geist oder Ungeist unserer Zeit? In der rechtsstaatlich verfassten Plutokratie eines durch naturwissenschaftlich-technisch-industriellen Fortschritt befeuerten Großkapitalismus, in dem aristokratische Wissenseliten die gepäppelten Lakaien von neoliberal reichen Auftraggebern sind? Ist damit vielleicht das Wesentliche des herrschenden Zeitgeistes bereits abgedeckt?

Vor allem aber ist der *Zeitgeist* der Hochindustrienationen, deren ökonomische Füllhörner sich als ökologisch schon unverschließbare *Büchsen der Pandora* entpuppten, ein akademisch abgesegneter A(nti)theismus, der bereits in zwei Sozialismen des 20. Jahrhunderts links und rechts explodierte. Das wohl hatte *Hegels* geschichtsoptimistische Sicht auf die konstitutionelle Erbmonarchie Preußens nicht vorhergesehen, obwohl er durchaus liberal offen blieb für eine künftige, in England schon heraufdämmernde „Demokratie der Arbeit".

Hegels moderne Anhänger *Fukuyama* und *Kojève* sehen den liberalen Rechtsstaat auf dem Gipfel des Weltgeistes im konsumsaturierten Wohlstandsstaat plus Wohlfahrtsstaat einer rundum „verwalteten Welt" (*Max Horkheimer*), im „eisernen Gehäuse der (wissenschaftlichen) Zivilisation" (*Max Weber*).

Wenn alle nicht mehr schuften müssen, weil KI-Fabrikroboter alles erledigen, bleibt laut einem *Alexandre Kojève* nicht die ewige Langeweile eines selbstmordgefährdeten Müßiggangs im Kaufhausparadies, sondern nur noch „mathématiqie, jeu, extase" um ihrer selbst willen, also *Nietzsches* blinzelnder „letzter Mensch", der nichts mehr will als ein „Lüstchen für den Tag und Lüstchen für die Nacht".

Dieser naturwissenschaftlich-technisch-industrielle Fortschritt ist allerdings laut *Walter Benjamin* schon selber die Katastrophe, die er verhindern will. Er repariert nur an seinen eigenen Folgeschäden ohnmächtig herum, weil sich für vergleichsweise „vernünftige" Lösungen keine demokratischen Mehrheiten mobilisieren lassen, selbst von den weitsichtigsten und gutwilligsten Politikern nicht. Jedes Schwellenland der Welt will nichts anderes haben, als was die hochindustriellen Inseln der Seligen schon hier und jetzt genießen können, und genau das würde den Umweltkollaps vollenden.

Ein Fortschritt zurück hinter den hochtechnologisch heißgelaufenen Industrialismus scheint nicht sinnvoll, da das nur wieder oligarchischen Agrarfeudalismus zwischen den wenigen Großgrundbesitzern und vielen landlos armen Landarbeitern bedeuten würde.

Radikale Reduktion der allgemeinen gesellschaftlich notwendigen Arbeitszeit z. B. auf eine Achtstundenwoche (statt Achtstundentag) bei vollem Lohnausgleich ist politisch weniger durchsetzbar als übliche rituell „moderate Gehaltserhöhungen", weil die Sklavenarbeit dann schlagartig keinen kapitalistisch abschöpfbaren *Mehrwert* mehr produzieren würde, in Demokratien wie in Diktaturen.

Lediglich in diesem eisenharten Rahmen der herrschenden Zeitgeistideologie spielt sich die mögliche Realpolitik ständig ab, Tag für Tag und Nacht. Da sie über diesen Zeitgeist nicht hinaussehen kann, weil sie ihn entweder für prinzipiell unüberschreitbar hält oder sein Verlassen für barbarischen Rückfall auf bereits überwundene welthistorische Gesellschaftsniveaus, ist alle Politik mit all ihren Ver(schlimm)besserungsvorschlägen in diesem (letztlich virtuellen) Rahmengefängnis gefangen und befangen. Man doktert hilflos an selbstgeschaffenen Symptomen herum, weil die Ursache unbekannt ist oder außerhalb des schier untranszendierbaren Zeitgeistes liegt, weil der seine Grenzen für die Grenzen der Wirklichkeit selber hält.

Die Politiker trifft gemeinhin weniger Schuld, als ihre Wähler glauben, denn sie sind auch nur mehr oder weniger kompetente Vollstreckungsgehilfen und die langen Arme dieses Zeitgeistes wie ihre eigenen Wähler – die nichts besser machen (könnten), wenn sie selbst ans Ruder kämen. Jedermann, der letzte Scheißer wie seine hohen Herrschaften, wird vom Zeitgeist nur mitgeschleift und glaubt gleichzeitig, seine eigensten Interessen dabei zu verfolgen. Der „objektive Idealist" *Hegel* nannte das um 1800 die „List der Vernunft" des Zeitgeistes. Nicht alle sind des Zeitgeistes ledig, die ihrer und seiner Ketten (und Etiketten und Goldkettchen) spotten. Der skizzierte Zeitgeist selbst treibt Politik in den Politikern, wenn sie selber handeln zu können glauben.

Wer einen Blick über den Tellerrand seines Zeitgeistes werfen möchte, blickt entweder ins Nichts oder auf unvorstellbares Gebiet. Früher hieß es einmal, dass niemand über den Faschismus reden solle, der nicht über den Kapitalismus reden wolle. Heute müsste es wohl besser heißen : Niemand sollte über den Kapitalismus reden (schimpfen) dürfen, der nicht über den Industrialismus selbst reden (richten) will, und wer will das schon, wenn er nicht für einen Lobredner des guten alten ewig-gestrigen Zeitungeistes gelten will.

Das gemeine Volk aller Länder ist nicht dumm. Es weiß, dass es nichts machen kann, also nichts, was seine Lage nicht noch verschlechtern würde. Es sollte allem misstrauen, was nach Politfeldzügen stinkt, die ja nur von ihren Organisatoren und Stichwortgebern manipuliert werden. Das Volk sollte sich nicht noch vereinen zu Kollektiven oder Gegenkollektiven, sondern sich endlich vereinzeln zu Individuen. Politisches Engagement dient und nützt nur dem herrschenden Zeitgeist der Herrschenden. Desengagment der proletarischen Einzelgänger ist praktischer und ergiebiger und wäre die wahre Widerstandspolitik gegen den dominierenden Zeitgeist.

Die uralten biblischen Schriften allerdings wussten immer eine Alternative zur Politik des Zeitgeistes. Die Paradiesgeschichte der Genesis ist ein später Nachklang des „Goldenen Zeitalters" von Jahrhunderttausenden eines hierarchie-armen Nomadentums, bevor das menschliche Individuum nicht mehr als freier Hirte mit seinen Viehherden in lockeren Familienverbänden über die dünnbesiedelte Erde zog, sondern vor etwa 10.000 Jahren in der "jungsteinzeitlichen Revolution" diesen Ursündenfall beging, sesshaft zu werden, also Privateigentum an dichtbesiedeltem Grund und Boden einzuzäunen, sich mit Getreideanbau und Vorratshaltung explosiv und krankheits-anfälliger zu vermehren sowie Ackerbau und Viehzucht zu betreiben in feudalen Sozialstrukturen.

Das und nur das lag und liegt und läge jenseits der politischen Dominanz unseres geschichtlichen Zeitgeistes.

Wer will davon etwas wissen?

„Stadt der Zukunft" oder Zukunft statt Stadt?

Die Frage nach der *Stadt der Zukunft* fragt wohl nach der Zukunft der
Großstadt, der *Metropole*, die eigentlich „Mutterstadt" statt Vaterstadt
ist. (Aber eine *Muttersprache* gibt es, eine *Vatersprache* ist keine
Fremdsprache nur in angefeindeten monotheistischen Patriarchaten.)

Die Stadt ist eine größere Ansiedlung mit eigenem Marktrecht und
relativer Selbstverwaltung und Selbstversorgung im Schnittpunkt
vieler Verkehrswege. Schon etymologisch ist sie eine „Stätte", die
stillsteht und ihren Standort nicht verändern kann, eine Art von
perpetuum immobile. Doch je mehr sie auf der Stelle steht und tritt,
desto hektischer rührt es sich in ihr. Sie ist gleichsam eine rasende
Raststätte, ein ewig hektischer Stillstand voll von Wohnstätten,
Arbeitsstätten, Raststätten und Vergnügungsstätten.

Aber ob der Bauer nun raffgierig verstädtern oder der Städter raus
aufs Land und verbauern will, die Stadt der Zukunft hat gleich alles
an Ort und Stelle. Die Weltstadt wird quirliger Stumpfsinn aus Stein,
Glas und Krach, also globalisierte Provinzialität. Die Stadt als
"Brutstätte des Lasters und der Lotterlust" hat ausgedient, seit sie
Rennbahn der Lastwagen und Gewinnverluste wurde.

Es gibt heute verschiedene Szenarien der Stadtplaner, die unsere
Metropolen nicht einfach naturwüchsig explodieren lassen wollen,
wenn diese wild ins Umland hineinwuchern, ganz ohne Stadtgrenze
und Stadtmauer. Aber alle mir bekannten Zukunftsszenarien machen
aus Städten organisierte Stätten wüster Verwüstung, also Gegenteile
von Wüsten, den irdischen Wohnorten Gottes.

Die beliebtesten Zukunftspläne für die Stadt sind technische Science-Fiction, wo etwa futuristische Verkehrsfahrzeuge mit exotischen Antrieben in verdorbene Stadtlüfte ausweichen, weil am Boden oder untertage kein Platz mehr ist, oder ähnlich kindische Gadgets, die man „Fortschritte" nennt. Wohnstätte und Arbeitsstätte sollen innerhalb der Stadt mal getrennt bleiben, mal im *Home-office* und *Home-schooling* zusammenfallen. Jedes Städtchen will *urban* werden, also bis an den Stadtrand vollgepackt mit anregenden sozialen und kulturellen Begegnungsstätten für überviele Bewohner auf engstem Seuchenraum. Zugleich soll viel frisches Grün zwischen viel grauem Beton wachsen.

Die „Stadt der Zukunft" hat keine Grenze zum Umland mehr, sondern das grüne Umland innerhalb des Stadtgebietes angesiedelt. Sie ist ein autonomer Stadtstaat im Staate mit integrierter Land(wirt)schaft. Irgendwann werden Bauern innerhalb der Mega-Cities ihre Felder vielleicht zwischen Wolkenkratzern pflügen und der tiefe Wald im Hochhäuserwald und Häusermeer blühen. Wird die Kluft zwischen Stadt, Land und Fluss eines Tages aufgehoben in einer digitalglobal-dörflichen Weltstadtlandschaft?

Kurzum : Landpomeranzen sind nicht mehr langweilig, schwerfällig und zurückgeblieben, sondern so spritzig, fortschrittlich, kess, vive, kreativ und auf Draht (oder an Drähten) wie die Hauptstadt-Fuzzis, und diese werden schollennah urverwurzelt wie die kerngesunden Kuhstallreiniger. Viel Stallgeruch soll in die stickige Stadtluft, die bekanntlich frei macht, egal wovon, und sei es nur dumpfer Hosenstallgeruch.

Das Schönste am Stadtleben der Zukunft wird die anonymisierte Einsamkeit innerhalb aller aufgedrehten Gemeinsamkeiten sein. Das ganze Sozialklimbim voller Plingpling enthielte die Chance für unbe(ob)achtete Inseln dezentralisiert weltlicher Mönchszellen voller

Grabesstille im Tumult aller Ballungszentren. Die Stadt der Zukunft wird die „vollverwaltete Welt" *(Max Horkheimer)* in höchster miniaturisierter Konzentration sein, aber wird es gerade in ihr diese freien Monasterien noch geben und das herrische Bedürfnis danach? Oder nur noch arbeitshausspiegelnde Entspannungs- und Erholungsstätten, Wellness- und Fitnesscenter? Anders ausgedrückt : Von der Stadt der Zukunft ist wenig Gutes zu erwarten und alles Schreckliche zu befürchten.

Die Zukunft der Stadt ist nicht die *Stadt der Zukunft,* sondern hoffentlich ihr winselnder Zusammenbruch an eigenen sprengenden Widersprüchen. Dazu wären kein Atomkrieg und keine Horror-Pandemie nötig. Die schönsten Stadtutopien sind Naturdystopien. Zugepflasterter Meeresstrand? Die Wildnis wird einst die Autostraßen zurückerobern, und ein Geistesnomade wie ich wird das Ende aller sesshaften Hochkulturen und stadtbürgerlichen Burgfestungen bejubeln, die uns längst über den Kopf gewachsen sind. Von den Städten wird bleiben der Wind, der durch sie hindurchging, prophezeite *Brecht.* Alle städtischen Veranstaltungen sind geistige Verunstaltungen. *Chesterton* schrieb, dass jede Familie der Welt ein eigenes Häuschen und eine einzige Kuh brauche, mehr nicht. Das Mittelalter hätte diesen Wunsch verstanden, die heutige Citykultur versteht nur Bahnhof und gibt ihr dafür alles, was sie gar nicht will.

Die weltmeisterlichen Höhepunkte der Geistesgeschichte hierzulande fanden nicht in einem durchdigitalisierten Megapolis statt, sondern in damals winzigen Provinzkaffs wie Weimar, Göttingen und Jena. Die automatisierte Frontstadt 7.0 mit Barmherzinfarkt findet wohl nur noch virtuell auf der Webseite der Hölle statt oder stadt.

Der erste „Neutöner"

„Musik soll nicht schmücken, sondern wahr sein", pointierte er mit dem kongenialen Ornamentgegner *Adolf Loo*s, dem Freund von Sprechschauspieler Karl Kraus. Seine neuartigen Melodien werden bis heute von niemandem auf der Straße nachgepfiffen, obwohl er das ersehnte und prophezeite. Der rote Komponist und Brechtvertoner *Hanns Eissler* war allerdings sein Schüler gewesen.

Arnold Schönberg ist ein berühmter Komponist nur unter raren Kennern und berüchtigter „Neutöner" für alle, die vielleicht noch gerade bis Gustav Mahler mitgegangen waren, ehe sie dann doch lieber bei Richard Strauss oder der „schönen blauen Donau" einen eingängigeren Edellärm fanden. Seine kategorisch schroffe Selbstrechtfertigungspolemik blieb in der Folge stets vielsagend fruchtlos.

Er wollte die klassisch-romantische Tradition nur durch radikale Erneuerung weiterführen, bis er merken musste, dass er durch die Art seiner Tradierung nur unheilbar radikal mit ihr gebrochen hatte.

Heiterfroh helles Dur und schwermütig dunkles Moll wurden ersetzt durch „zwölf auf einander bezogene Töne" der temperierten Skala. Was heißt das? Plötzlich entstanden Melodien, die auch von geschulten Hörern nicht mehr als Melodien erkannt und anerkannt wurden, Harmonien, die von der überwiegenden Mehrheit des bisherigen Musikpublikums als *dissonanter Tumult* abgelehnt wurden – und bis auf den heutigen Tag perhorresziert werden.

"Katzengejaul"!
"Gibt die Kuh bei solcher Musik noch Milch?"

Die sehr beliebte Aufforderung, "für Neues offen zu bleiben", versagte und versagt bei der "Neuen Musik" seit einem Jahrhundert völlig. Warum? Liegt es wirklich nur am "platten US-Kulturimperialismus", wie manche Kritiker seither vermuten?

Der Musikgeschmack des 21. Jahrhunderts ist weitgehend auf dem des (inzwischen nur technisch etwas aufgemotzten) 19. Jahrhunderts verstockt stehen geblieben und hat die kompositorischen Errungenschaften des 20. Jahrhunderts einfach bis heute nicht kapieren und annehmen wollen, stattdessen gegen alle klassische Musik eine „Popmusik" entwickelt, die dem Massengeschmack besser entgegen kommt und zur bequemen Regression des Gehörs einlädt, mit ständigem Rückgriff auf die abgestandensten Musikreste des 19. Jahrhunderts, technisch vulgarisiert bis zum primitivsten Brutalismus und sentimentalsten E-Klangkitsch. Auch der Mix von Klassik und U-Musik macht die Sache eher schlimmer. U-Musik ist gar keine Musik und wird durch solche Melange nicht viel anspruchsvoller, aber die klassisch-neo-romantische lediglich entsublimiert. Wagners *Programmmusik* endete in Reklamesongs für ideologisierte Waren und fatale Haltungen.

Die „Neue Musik" geht am Hörer von 1920 bis 2020 so vorbei wie die „Neue Literatur" von Joyce, Proust und Musil am Durchschnittsleser bis heute. (Die „Dubliner" von Joyce werden vielleicht noch geschätzt, der „Ulysses" schon nicht mehr zu Ende gelesen und „Finnegans Wake" dann erst in der Adaption bei Arno Schmidts spracherotischen Etym-Romanen wenigstens für eine spezielle Liebhabergemeinde erträglich.) Mit der fortgeschrittenen Malerei, Bildenden Kunst und Architektur steht es nicht so viel anders.

An *Schönberg* und *Berg* scheiden sich die Hörer des 20. Jahrhunderts, die Kluft zwischen avantgardistischem Komponisten und unerziehbarem Publikum wird zum Abgrund wie die zwischen Autor und

Lesevolk. Er war ewiger Autodidakt der musikalischen Klassik, glaubte mit seiner Zwölftontechnik nur Wagner, die neoklassizistische Romantik von Johannes Brahms und den Gustav Mahler der „minimalen Übergänge" nur kreativ fortzuführen, lernte aber professionelle Komposition bei Alexander von *Zemlinsky,* dessen Tochter er heiratete.

Nach seiner Zwangsemigration machte der einzelgängerische Schuhmachersohn seine evangelische Taufe rückgängig und kehrte zur Religion seiner Väter zurück. „Der Überlebende aus Warschau" und die Fragment gebliebene Oper „Moses und Aron" wurden nach dem 2. Weltkrieg immerhin pflichtschuldigst beklatscht, aber allgemein wurde und wird der Kontrapunkt der *Dodekaphonie* als Kakophonie entsetzt geflohen.

Wer die *Erste Wiener Schule* von Haydn, Mozart und Beethoven noch goutiert, weil er den mathematischen Barock-Bach schon nicht versteht, wendet sich kopfschüttelnd ab von der *Zweiten Wiener Schule* um Schönberg und seine Schüler *Alban Berg* und *Anton von Webern*, von Nachfolgern seit dem 1. Weltkrieg ganz zu schweigen. Die *Wiener Klassik* und Romantik, welche Schönberg nur bereichert durch „freie Variationen" (wie Edmund Husserl seine phänomenologischen „Wesensssschau"-Bilder) fortführen wollte, wurde in den „Klassikern der musikalischen Moderne" nicht mehr wiedererkannt.

Dissonante Akkorde werden plötzlich nicht mehr aufgelöst, der gewohnte Takt scheint verschleiert, die Metrik wird bedeutungsloser, jazzhafte Synkopen verwirren, Verschmelzungsklänge verschwimmen in oszillierenden Klangflächen mit komplexester Binnenstruktur und expressivem Anspruch etc. Und das soll noch Musik sein? Was selber amusischer Krach bleibt wie die stets überkonformistische Pop-Musik, hört bei den „Neutönern" nur noch akustischen Krach mit der Muse heraus. Die Harmonik wird seit 1920 ersetzt durch „freie

Atonalität" mit komplexeren Akkorden. Nur trainiert "strukturelles Hören" hilft da noch, kein sich gehenlassendes Mitschunkeln.

Schönberg und Webern komponierten zum ersten Mal eine Art von „aphoristischer Musik" ohne systematische Verbindung der musikalischen Gedanken. Auch impressionistische "Klangfarbenmelodien", Rhythmus, Dynamik und ziellos freie Montage drängten sich in den Vordergrund, wurden aber niemals zum erwarteten und dann begrüßten „Epochenstil". Auch kultiviertere Hörer fühlten sich nur noch wie „von geistreichen Leuten durchgeprügelt". Der Skandal des „Watschenkonzerts" von 1913 machte die *Neutöner* zwar bekannt, aber gleichzeitig in der tonangebenden Welt so gut wie unmöglich, bis heute.

Die beabsichtigte Erweiterung von Harmonik und Melodik wurde als penetrante Vergewaltigung der Gehörgänge empfunden, weil keine konsequente Arbeit an Motivthemen mehr erkennbar war. Schon Richard Wagner hatte gegen "Das Judentum in der Musik" (1850) die strenge Themendurchführung weithin aufgelöst in seine fortwabernd „unendliche Melodie", die etwa in „Tristan und Isolde" als endlos hinausgeschobener musikalischer Gemeinschaftsorgasmus im feierlich angefixten Bayreuther Swinger-Auditorium erlebt werden kann.

Diese theoretische Strukturierung von expressivsten Emotionen stieß ab und befremdete als unästhetisch intellektuell und unappetitliche „Ohrwichserei". Die Zeit der schmissigen Weisen, der Marschmusik und gemütstonisierenden Klimpereien von Teufelsgeigern und belletristen Schnulzensängern sollte vorbei sein? Das ließ und lässt man sich bis heute nicht bieten, verdammt nochmal. Im Namen der persönlichen „Ansichtssache", die gar nicht merkt, wem sie da alles an Abgelebtem auf den Leim geht, hält man pampig und völlig geschmacklos am eigenen, eher abgeschmackt un(ter)entwickelten Geschmack fest : „Mir gefällt das eben (nicht) und damit basta!"

Das Tor, das er aufgestoßen hatte, wurde in der Folge von vielen Komponisten benutzt in neue akustische Sphären, aber auch die viel zu mechanisiert endende aleatorisch „serielle Musik" hat seinen Ruhm niemals festigen können. Gegen seinen viel zu futuristisch maschinenhaft komponierenden Gegner *Igor Strawinsky* hatte ihn schon *Theodor Adornos* „Philosophie der Neuen Musik" 1949 in Schutz genommen, einer einzigen Apologie der Wiener Zweitschule.

Adorno war zwar von Schönberg abgelehnt, aber von dessen Schüler Alban Berg als Schüler angenommen worden, und beriet Thomas Mann bei der kongenialen Beschreibung von atonaler Teufelsmusik des „Tonsetzers Adrian Leverkühn" in dessen Altersroman „Doktor Faustus" von 1947. Schönberg protestierte gegen diese missverständliche Usurpation seiner Urheberschaft vergeblich.

Die "Neue Musik" ist nicht einmal mehr ein Skandal, und das ist der Skandal. Ich selbst mag von Schönberg am liebsten die Kammermusik …

Weltberühmtes Bauwerk zur Erbauung:
Höher als der Kölner Dom ohne Kondom?

Notre Dame war keine Tempelhure. *Machu Pichu der Inkas, Chichen Itza der Mayas, Abu Simbel, Stonehenge, Hagia Sophia, Angkor Vat, Alhambra, die Osterinsel* oder Grabtempelstadt *Petra* sind heilige Orte und Bauten. Auch die *Vulkane.* Von den "Sieben Weltwundern" der Antike stehen nur noch die *Pyramiden* von Gizeh, die geheiligten Grabstätten der Pharaonen mit ihrem exklusiven Unsterblichkeitsprivileg.

Der *Eiffelturm* ist ein vollerigierter Eisenphallus als Wahrzeichen der "Hauptstadt der Liebe", der schiefe Turm zu *Pisa* ein halberigierter Babelturm, das *Taj Mahal* ein feudales Liebesmausoleum, der *Louvre* ein Sammelplatz schönster Weltbilder, die den Teufel an die Wand malen, der *Dresdner Zwinger* eine herr(schaft)liche Festungszwingburg. *Neuschwanstein* das Zuckerbäckerwerk eines irren Gaylords, die *Freiheitsstatue* eher Menschheitsutopie als Rechtsgarantie, die *Chinesische Mauer* ein einziges Bollwerk von Staatsfeudalisten gegen arme Nomadenvölker, die *Akropolis* ein steinernes Demokratieversprechen, die *Klagemauer* ein Anklagewall gegen die Fürsten der Welt, das *Kolosseum* ein schändlicher Vergnügungstempel der Christenverfolgung etc. Und die verbindlichsten Europabrücken wurden von *Pontifexen* errichtet ...

Die Kinder Gottes bauten überall und zu jeder Zeit hohe Dome zu Seinem höheren Ruhme : War das infantil oder vielleicht erwachsener und größer als alles, was ewige Kindsköpfe heute an Babeltürmen in den leeren Himmel rammen?

Der himmelhohe ***Kölner Dom*** ist ein auch vor allem bei Ungläubigen „hochberühmtes Gebäude", also ein von Gotteskindern konstruiertes und standortgebundenes „Bauwerk, das Räume einschließt, betreten werden kann und zum Schutz von Menschen, Tieren oder Sachen dient", ein Dach mit häufigem Dachschaden hat und sich über dem Erdboden der Tatsachen und Untatsachen nennenswert erhebt : Ein auch ästhetisch ansprechender Versammlungsort zum gemeinsamen Beten, Feiern und Gedenken. Und der Himmel ist der Kopf über jedem Dach überm Kopf. Diese riesige Kirche soll einer der vielen zugleich privaten und öffentlichen Wohnorte des lieben Gottes sein, aber wie weit ist und war das nur Wunschdenken seiner Erbauer und Benutzer?

„Bauen, Wohnen, Denken" *(Martin Heidegger)*
oder nur Mieten, Hausen, Pennen?

Der Kölner Dom aus dem 13. Jahrhundert ist ein römisch-katholischer Kirchenbau, geweiht dem schwachgewordenen Felsen-*Apostel Petrus* (jener, der in Not seinen HErrn verleugnet hatte und vielleicht gerade deshalb zu dessen Nachfolger gewählt wurde.) Er ist die offizielle Kathedrale des Erzbistums Köln, mit gut 157 Metern eine der höchsten hochgotischen Kathedralen der Welt mit seinem mahnenden Zeige- statt geilen Zeugefinger in den Himmel. (Das Gewölbe allerdings ist „nur" etwa 44 Meter, der Elfenbeinturm der Frommen also etwa 113 Meter hoch) Wird in das UNESCO-Weltkulturerbe oft nur aufgenommen, was schon tot ist? Eine steinerne Startrampe für kollektive Himmelfahrten war er niemals.

Der Dom, eine aufragende und hervorragende Kirche, ist noch immer ein beliebter und vielgeknipster Wallfahrtsort unbeirrter Restchristen und ungläubiger Religionstouristen, die ästhetische Andacht mimen. Die zunehmend Unkundigen werden zu bloßen Besichtigungskunden bewirtschafteter Kirchen.

Dieser gotische Dom steht angeblich auf römischen Wohnhäusern des 1. Jahrhunderts und sollte einen kleineren alten Dom ersetzen. Gedacht war er als Aufbewahrungsort von Reliquien der *Heiligen Drei Könige*, die erst in Mailand lagen. Werden Kirchen geadelt oder verschandelt durch Aufnahme von Fürstengräbern? Gedacht war er nach dem Willen machtbewusster Erzbischöfe als alleiniger Krönungsort der Könige und sollte höher sein als die romanischen Kirchen ringsum. Das Gebäude wird langsam aber sicher vom Triumphbogen zu einer Grabstätte der Kirche des Landes, und kein Klingelbeutel kann das mehr aufhalten, denn Europa ist seit langem so gut wie christentumfrei. Der Dom selbst ist oft voll, ja, überfüllt -- von innerer Leere.

Berühmter und gerühmter bei manchem (wie diesem Autor) ist ein ganz anderer und viel höherer Dom. Er besteht aus Fleisch und Blut, also aus zwei noch unversteinerten, zum Beten zusammengelegten Händen und reicht zuweilen höher als jedes andere stolze Bauwerk der Erde. Er reicht vom Erdreich und jedem Weltreich vielleicht manchmal hoch bis ins Himmelreich selber.

Der Kölner Dom ist eine reiche Kirche der Reichen,
nicht mehr die arme Kirche der Armen.
Ist er noch ein Zufluchtsort der Schmächtigen vor den Mächtigen
dieser Welt beim Allmächtigen?

Andere himmelstürmende bloße *Wolkenkratzer* und eitle Prunk-bauten *ad maiorem gloriam Mammoni* ragen eher immer tiefer bis in die Hölle hinein, ob nun zum Wohnen, Lagern, Schlafen, Arbeiten, Glotzen oder Bilden ...

Im Übrigen wird Architektur immer hässlicher, von Bauwerk zu Bauwerk, das durch sein Errichten oft nur Schöneres vernichtet. Moderne Sakralbauten wirken wie von Atheisten entworfen – wie

Freudenhäuser von Asketen. Das derzeit höchste deutsche Gebäude sei ein Bankgebäude, heißt es.

Nur Gutes ist groß, nur Großes ist kindisch.

Oder teuflisch.

Dann doch lieber Dom zu Köln, errichtet von Kindern Gottes, in "Glaube, Liebe und Hoffnung". Ich habe seinen weltlichen Reichtum nie gesehen noch besucht und rühme lieber den helleren Glanz meiner unscheinbar kleinen Kirche nebenan.

„In der Tat war die christliche Kirche von Anfang an, und vielleicht besonders am Anfang, nicht so sehr ein Fürstenreich wie eine Empörung gegen den Fürsten der Welt." „In dieser zu Grabe getragenen Gottheit liegt der Gedanke einer Unterminierung der Welt, eines Erschütterns der Türme und Paläste von den Grundfesten her, wie ja auch Herodes, der große König, dieses unterirdische Beben spürte, und wankte in seinem wankenden Palast."

(**G. K. Chesterton** : „The everlasting man", 1929,
dt. Berlin 1930, S. 242)

„Jene, welche die Christen beschuldigten, Rom mit Feuerbränden in Trümmer gelegt zu haben, waren Verleumder, aber sie erfassten wenigstens die Natur des Christentums weit richtiger als jene unter den Modernen, die uns erzählen, die Christen wären eine ethische Gemeinde gewesen und langsam zu Tode gemartert worden, weil sie den Menschen erklärten, sie hätten eine Pflicht ihren Nächsten gegenüber zu erfüllen, oder weil ihre Sanftmut und Milde sie leicht verächtlich gemacht hätte."

(a. a. O., S. 243)

Umworbene Rekrutenanwerber

Die Zielgruppe des Werbeschützen sind seine Opfer. Er will keinen Bedarf decken, den wir haben, sondern Bedürfnisse wecken, die wir haben sollten (und ohne ihn nicht hätten), um dafür dann zu schuften. Aber wenn Werbepsychologen nun einander umwerben?

Ein guter Essay beginnt nicht langweilig mit dem Anfang, sondern gleich mit dem Schluss, um ihn durch logische Schlüsse oder auch nur psychologische Entschlüsse schrittweise immer etwas plausibler zu machen. Da ich einen verführerischen Werbe-Essay versuche, fange ich an mit dem Ergebnis meiner sicher unterlegenen Überlegungen : Jedermann ist ein Werbepsychologe und sollte ein guter Werbepsychologe seines Lebens und Strebens sein.

Die schlechtesten Werbepsychologen der Welt sind allerdings jene, die Werbepsychologie an Universitäten oder Fachhochschulen ausdrücklich studiert haben, und was für Werbepsychologie gilt, gilt ganz allgemein für alle Psychologie.

Jede Sprache ist ursprünglich eine Sprache der Verführung, schrieb der Pariser Existenzialist *Jean-Paul Sartre*, als großer Sprachkünstler selber ein (hässlicher) Verführer schönster Frauen und klügster Intellektueller. Jede Sprache, ob nun verbal oder subverbal, versucht ja, Mitmenschen zu umwerben und ins eigene Lager zu ziehen. Jeder wirbt mehr oder weniger erfolgreich und geschickt für sich und die Seinen und für das, was er so anzubieten und auf *Thackerys* „Jahrmarkt der Eitelkeiten" zu werfen hat. Es kommt nur an auf das, was da gut oder schlecht ankommt. (Sogar ein großer Dichter wie Frank *Wedekind* schrieb Werbesprüche für „Maggi" und

Salonkommunist *Brecht* für eine Autofirma, die ihn dann mit einem PKW belohnte.)

Der beste Werbepsychologe der Welt ist nicht, wer *LeBons* oder *Freuds* „Massenpsychologie" studiert hat, sondern *the common sense of the common man*, den gesunden Menschenverstand des gewöhnlichen Sterblichen, weil nur der gegen Werbepsychologie von Spezialisten potentiell immun macht.

Psychologie ist allgemein der gelehrte Versuch, ohne die menschliche Seele auszukommen und sie zu ersetzen durch ein Bündel konditionierbarer Reflexe, einschleifbarer Reaktionsautomatismen und manipulierbarer Motivkonventionen. Sie behandelt unser Innenleben wie ein Regelwerk bekannter Schrauben, Hebel und Dampfventile, auf denen dann der werbepsychologisch Gewitzte sein garstig′ Lied beliebig spielen kann wie auf einer verweltlichten Orgel. Der diplomierte Werbepsychologe ersetzt Einfühlungsvermögen, das ihm stets abgeht, durch Unterstellung von gesellschaftlich einprogrammierten Entscheidungsmotiven, denen wir alle angeblich hilflos ausgeliefert sind. Deshalb hat er in Industrie- und Dienstleistungsbetrieben auch keinen Erfolg, also nur messbaren.

Psychologe ist die Lehre von der sterblichen Seelenlosigkeit. Jedermann ist legitimer Werbepsychologe seiner selbst von Natur und familiärer Erziehung aus. Schon das Baby wirbt mit erstem Lächeln um den „stillen Glanz im Auge der Mutter". Nur Werbepsychologie als explizites Studienfach lehrt mitnichten die Kunst, Mit- oder Gegenmenschen zu verführen, sondern nur anzuführen, also an der Nase herumzuführen. Wir bieten Produkte einer Arbeit an, die wir hassen, um Dinge einzuhandeln, die wir nicht brauchen, sagt der Volksmund.

Selbst der „zwanglose Zwang des besseren Arguments" will uns nur rhetorisch überreden, von Herdenmoral überzeugt zu werden, und selbst das schlichteste Gemüt versteht es, andere Gemüter erfolgreich zu erspüren und zu umwerben. Der Geworbene zahlt für das, was man ihm geben kann; er opfert etwas, um etwas ihm Begehrenswerteres zu bekommen, und man tauscht Werte aus wie Meinungen und Ansichten.

Der Werbepsychologe tut nur das, was jeder Mensch tut, weil jeder Mensch Werbepsychologe ist, also leibhaftig eine Seele hat und leibhaftig Seelen umwirbt und Reklame für das Seine macht. Vom lärmenden Laiendemokraten und Stammtischbruder unterscheidet er sich nur durch Demagogie eines tölpelhaften Hilfsdespoten von sehr verschwiegenen Konzerndespoten. Diese Experten-Werbung ist so laut wie unlauter, weil sie sich soweit selbst erniedrigt, ihre Adressaten nur zu erniedrigen, also zu reduzieren auf Maschinenmenschen, die nur von Menschmaschinen bedient werden, bis die bedient sind.

Kurzum : Die werbepsychologisch verführbarsten Menschen der Welt sitzen nicht im gemeinen Volk, sondern unter den gebildeten Anführern, im linken wie im rechten Lager. Die verführten Verführer und erzphilosophischen Werbepsychagogen *Sartre* und *Heidegger*, Grübelleuchten ihrer Zeit, fielen wie intelligente Dummköpfe herein auf Werbepsychologie von allerlei Führernaturen. Der Münsteraner Philosoph *Hans Blumenberg* schrieb ein lesenswerteres Buch über „Die Verführbarkeit der Philosophen" durch dumme Werbestrategien.

Werbefuzzys sind immer schon hereingefallen auf den sozialpsychologischen Zeitgeist, bevor sie auch nur ein einziges Opfer aufs Korn genommen haben. Überreden sie uns nur zu dem, was wir insgeheim ohnehin wollen – wie moderne Psychotherapeuten, die uns ermuntern, selbst zu unseren verdorbensten Trieben zu stehen und uns von ihnen komfortabel treiben zu lassen? Dann aber wird jedermann Komplize dessen, was er erleidet, auch und gerade der ausgebuffteste Werbefachmann selber. Oder will der nur nicht als einziger hereingefallen sein?

Wie Mann und Frau einander umwerben, indem sie vorgeben, nur verführt oder angeführt zu werden, ist eine alte Kunst, die heutzutage durch "Anmache und Anbaggerei" und *sexual harassment* ersetzt ist, und das ist das erotische Vorbild aller modernen Werbepsychologen, die sich gegenseitig über den Tisch ziehen zu den bekannten Mesalliancen, die alle unbefriedigt genug lassen, um nach Neuem endlos weiter zu jagen im sozialgerechten Hamsterrad der modernen Hochleistungsindustrien.

Man studiert ja Psychologie, um Menschen zu beherrschen unter dem Vorwand, ihnen zu helfen. Zum Glück erreicht das Studium stets das genaue Gegenteil : Der Berufspsychologe selbst wird lebenslang fachgerecht beherrscht von seiner Unfähigkeit, sich und andere zu verstehen. Angestellt wird er in Betrieben, um für reibungsloseren Betrieb zu sorgen und dadurch die Produktivität zu steigern. Er steht oft mit an den Selektionsrampen der Personalbeschaffer und Perso-nalkontrolleure. Sind Diplompsychologen mehr als überangepasste Anpassungsexperten?

Sie stolzieren hinter unserem Alltag. Man ist heute stolz auf sein Understatement wie Diogenes auf seine Tonne, aber der eitle arme Sünder und gewöhnliche Sterbliche strahlt und prahlt zurecht mit seinem Kinderreichtum und braucht keine Reklamepsychologie, um allein damit für das Leben zu werben bei unserer „Kultur des Todes" (Papst Johannes Paul II.)

Biedermeier als verschlafene Idylle
oder linke Revolte zur rechten Zeit?

Wenn alle dagegen sind wie gegen den Brandstifter-Biedermann des „Biedermeier", muss etwas dran sein, und wenn alle dafür sind wie für seinen erklärten Todfeind, den linksliberalen Politdichter des „Vormärz", muss daran etwas faul sein. Keine Lebens- und Kunstepoche der deutsch(sprachig)en Geschichte ist so verrufen und verachtet wie nach Napoleon, dem Verräter und Vollender der Französischen Revolution, die drei vergleichsweise kriegs- und kampfesmüden Biedermeier-Jahrzehnte des „Deutschen Bundes" zwischen Graf *Metternichs* „Wiener Kongress" 1815 und der jungdeutsch gescheiterten liberalbürgerlichen „Märzrevolution" von 1848.

Die „Karlsbader Beschlüsse" nach Napoleons „Waterloo" und nach der rohen „Völkerschlacht bei Leipzig" führten bekanntlich zur „Restauration" der „Heiligen Allianz" mit Österreichs und Russlands Monarchien. – *Turners* Bildimpressionismus gab den Smog von Vulkanausbrüchen wieder, nicht von revolutionärem Pulverdampf. Gartennatur und Hauskultur überstimmten Tumult und öffentliche Blutraserei.

Spitzwegs kauzige Idyllenmalerei war im Grunde spätromantischer Humor. Hausmusik bevorzugte Kammermusik, die geheime Königin der klassischen Musik, ja, bis hin zu Robert *Schumann* und Franz *Schubert*. Zeittypisch „holdes Bescheiden" (*Mörike*) und stille Genügsamkeit eines „einfachen Lebens" waren im Grunde stoische Ideale der antiken *Autarkeia*. Schmäh-Wiener Strauss-Walzer und karnevaleske Volksfröhlichkeit von 1830 werden vom pessimistischen Pop-Hedonisten von heute nur verlacht. „Freut euch des Lebens"? Heuer hat man lieber Heidenspaß und Mordsspaß.

Moderne Wohnzimmergemythlichkeit mit Weihnachtsbescherungen stammt aus dem eher schlicht eleganten Biedermeier. Vox Populi Vox Dei? Des Volkes Stimme in den Kneipendemokratien ist nicht mehr Gottes Stimme, sondern heute als ein Stammtischpopulismus gebrandmarkt. Die patriarchalische Familie – Vater muss zwangsschuften gehen und Mutter darf frei zuhause bleiben – wurde seither ersetzt durch „emanzipierte“ Zugewinngemeinschaften : Mutter darf wie Vater ans Fließband gehen. Oder die Mittelschicht-Emanze unterrichtet fremde Kinder in fremden Schulen nach fremden Richtlinien, statt eigene Kinder zuhause nach eigenen Richtlinien und das eigene Heim zu einer Volkshochschule zu machen – ihrem verarbeitsweltlichten Gatten zur Nachahmung empfohlen. Als wäre der eigene Ehemann tyrannischer und ausbeuterischer als ein vorgesetzter Konzernchef! Ein quietistischer Rückzug der armen Biederfrau aus Fabrik und Büro in Eigenheimchen und Familie wäre dagegen wahrhaft befreiend und progressiv. (Patriarchat ist alttestamentarisch, also der Mittelstandsfeminismus Höherer Töchter nur schlicht … ?)

Die Vorstadttheater spielten damals mehr leichtfüßige Lust- als pessimistische Trauerspiele, was heutigen bierernsten Weltverschlimmbesserern leichenbitter aufstößt. Dass *Raimund*s Narrenpossen und *Nestroys* Wagnerparodien biedermeierlich waren, passt nicht so ganz ins heute gängige Schauerbild. „Der Traum ein Leben“? Goethe-Epigone Franz *Grillparzers* und Friedrich *Hebbels* aphorismenreiche „Tagebücher“ gehören zum Feinsten dieser Gattung, mit einem Kult gepflegter Innerlichkeit und Innigkeit in ihren sonstigen Schauspielen.

Das Biedermeier war besinnlich und besonnen, „reaktionär“ und voll „Andacht im Kleinen“ (*Stifter*) – wie ich Monotheist. *Stifters* „Sanftes Gesetz“ in seiner Vorrede zu „Bunte Steine“ gab die nachträgliche Programmschrift. Die fast unirdisch poetische Fruchtbarkeit und Virtuosität von Biedermann Friedrich *Rückert* zählt zu den verkanntesten Großtaten der deutschen Literatur. Seine orientalische „Weisheit des Brahmanen" wie von *Rumi z. B.* wäre erst noch wieder zu entdecken und stellt sich getrost an die Seite von Goethes „Westöstlichen Diwan". (Der linke Max *Horkheimer* machte den Liedermeier *Justinus Kerner* zu seinem Favoriten.)

Schinkels Bauten werden bis heute restauriert. „Bieder", eigentlich rechtstreu, gilt als einfältig rechtschaffen, eine verräterische Wertung. Der biedermeierliche „Klassizismus" spielt gleichwohl häufig mit romantischen Motiven „Aus dem Leben eines Taugenichts", dessen Erzrevolte gegen moderne Hochleistungsgesellschaften von ihnen einmütig perhorresziert ist als faules Parasiten-, Vagabunden- und Zigeunertum. *Von Eichendorffs* unsterblicher Märchenheld gilt postmodernsten Profit-Spießern nur noch als "arbeitsscheues Gesindel". Aber Biedermeier tut nur bürgerlich, was Romantik nur adlig tat (und was ich proletaristisch nachgeholt wissen will). Das entpolitisierte Biedermeier pflegte eben nicht blindpraktisches „Engagement" (welches meist nur manipulierten Gegenkollektiven nachrennt), sondern ein höchst individualistisch unaufgeregtes Desengagement – mein plebejisches Vorbild im stillen Blickwinkel. „Ruhe ist die erste Bürgerpflicht"?
„Ruhe ist das erste Bürgerrecht." (Johannes *Gross*)

Literaturwissenschaftler Fritz *Sengle* hat in drei Bänden die „Biedermeierzeit" charakterisiert als eine Epoche, welche die kulturindustrielle Modernisierung der Welt entweder mit *Heine* übermütig feierte oder mit *Stifter* mehrheitlich angewidert abwehrte. Das eine Lager des Biedermanns sah die Chancen, das andere die Risiken des technokratischen und plutokratischen Weltimperialismus. Aber die frühromantische Renaissance des katholischen Mittalters wirkte in christlicher Erweckungsliteratur des Biedermeier noch nach. Auch der Biederliterat lehnte naturwissenschaftlich-technisch-industrielle Weltrevolutionierung samt großkapitalistischem Profitliberalismus ab, welche die grüne Natur wie das menschliche Naturell nur beherrschen, vergewaltigen und schänden. Citoyen-Biedermeier sucht die „Ruhe vor dem Sturm" der *Maschinenstürmer* und nach dem Sturm von 1789.

Der bedeutendste deutschsprachige Biederliterat war der arme *Adalbert Stifter* mit dem „Sanften Gesetz" seines unsterblichen „Nachsommers", des heute wohl verkanntesten deutschsprachigen Bildungsromans. Man streitet, ob da die Leidenschaften unter der Friedhofsruhe brodeln oder vom Geistesfrieden besänftigt sind. Stifter war nicht langweilig und unoriginell hausbacken, sondern nur rechtstreu und friedfertig. Sein biedermeierlicher Gegenspieler war im Grunde der getauft assimilierte Jude *Heinrich Heine*, dem Deutsche allerdings nie verziehen, dass er das deutsche Liedgut besser beherrschte als sie selber. Die Erlebnislyrik aus Goethes „Kunstepoche" parodierte er so sehr, dass er in seinen frechfrischen Versen schließlich kein Gefühl mehr äußern konnte, ohne es gleichzeitig iron(ist)isch selbst zu dementieren, bis er an seiner permanenten Selbstlähmung viel zu früh verstarb. Laut Karl *Kraus* „öffnete er der Literatur erst das Mieder" und erniedrigte sie zum merkantilen Zeitungsfeuilletonismus, der auf Glatzen Locken drehe: „Heine und die Folgen". Und mit dem schwulen Schönheitsfanatiker Graf *Platen* lieferte der geniale Heine sich ein denkbar unwürdiges Geistesduell.

(Auch H. Heines Freund *Karl Marx* setzte auf vollentwickelten Industrialismus, dessen unerschöpfliches Füllhorn dann nur noch proletarisch anzueignen sei und sich wie jeder Kollektiv-Sozialismus doch nur als totalitaristische 'Büchse der Pandora' entpuppen sollte. Wer den Großkapitalismus abschaffen will, muss auch den Hoch-industrialismus aufheben, dessen effektivster Vollstrecker er doch ist. Sozialismus mit seinem "faulen Kapital" ist nur die Vorstufe des Kapitalismus, nicht etwa umgekehrt.)

Das Ideal des Biedermeier war praktisch und literarisch die jederzeit realisierbare *Idylle* und nicht die Ideologie der *Utopie*. Das Vorbild waren im Grunde die zauberhaften „Idyllen" *Geßners* von 1756, die biedermeierlich erst wieder 1901 im nachbiedermeierlichen „Leberecht Hühnchen" des Ingenieurs Heinrich *Seidel* erreicht wurden. Kein literarisches (und soziales) Genre ist nun verpönter als das Idyll.

Spätestens seit den Gräueln des Ersten Weltkriegs registriert man nur noch giftige und verlogene Idyllen, aber laut dem orthodox-katholischen Pater-Brown-Erfinder *G. K. Chesterton*, „einem der vielleicht gescheitesten Menschen, die je gelebt haben" (Kommunist Ernst *Bloch*) und „einem der klügsten Männer Europas" (Hannah *Arendt*), haben nur zwei Dinge die letzten zwei Jahrtausende überlebt, nämlich der christliche Seelenhirte (Pastor) und die pastoralen Idyllen der Schäferpoesie vom verlorenen Goldenen Zeitalter vor dem menschlichen Sündenfall, seit der Mensch sich aus dem Nomaden-paradies selbst vertrieb, um zu ackern und die Erde um- und dumm zu wühlen für seine eigene Gegenschöpfung.

Das literarische Biedermeier Stifters und Mörikes ist ein verspäteter Nachklang dieser ehrenwerten Sehnsucht des griechischen Arkadiensängers *Theokrit* und des gold-augusteischen Kultur-idyllikers *Vergil* in den „Eklogen" statt Aeneis-Heroen.

Heute haben wir dazu fast nur noch *Hermann Lenz* mit seinem feinsinnigen „Wanderer", den uns der Literaturnobelpreisträger *Peter Handke* erst entdecken musste. Biedermeierliche Idyllik ist eine kultivierte, aber vehement sozialkritische Revolte gegen die hoch-industriell modernistische Verhässlichung und Verschandelung der Schöpfung.

Ohnehin ist die *Vita contemplativa* im Elfenbeinturm aller *Vita activa* am Babelturm seit der Antike himmelhoch überlegen, bevor die Neuzeit leeren Aktionismus und protestantische Arbeitssklaverei heillos adelte. Die Welt, so schlecht wie sie ist, ist das Werk von allzu aktiven Leuten.

Wie aufregend und großartig die Erdverwandlung aus dem Blickwinkel von Kafkas Käfer werden kann, wenn man nicht gerade der arme Kafka selbst ist! Statt das Ungeziefer auf seine Größe aufzupumpen, hätte *Kafka* sich zum perfekten Forschungsversteck demütig auf Käfergröße verkleinern sollen (was er doch sonst so hervorragend beherrschte wie sein Vorbild Robert Walser), um die großartige Natur besser bestaunen zu können …

Wissenschaft als Pop-Lit?
Allgemeinbildung oder Perlen vor die Säue?

Biologie im Sprechblasenformat?
Wird Chemie im Kinderzimmer-Labor zur Alchemie?
Ist Umweltjournalismus die Pop-Version
der Klimaforschung?
Philosophie für Nichtphilosophen
oder weltanschauliches Geschwafel?

Ohne populärwissenschaftliche Literatur geht es nicht, wenn jeder einen gewissen Überblick über das fundierte zeitgenössische Weltbild behalten will und niemand Spezialist für alles sein kann. Solche allgemeinverständlichen Darstellungen kultur- und naturwissenschaftlicher Fortschritte fallen notwendig verschieden aus je nach Fassungsvermögen, Interessenlage und Bildungsstand eines Volksschülers, Realschülers, Gymnasiasten oder Akademikers, ohne die in Rede stehenden Sachverhalte ungebührlich zu verflachen.

Zum Glück gibt es anerkannte Experten, die einigermaßen fähig sind, einem interessierten Laien in großen Grundlinien die groben Züge ihres Spezialfaches, neue Forschungsschwerpunkte, belastbare Ergebnisse und Nutzanwendungen auf möglichst verlässliche und zugleich unterhaltsame Weise nahe zu bringen. Berühmt geworden ist z. B. die recht leicht lesbare „Kurze Geschichte der Zeit" des englischen Kosmologen Stephan Hawking, der seiner schweren Körperbehinderung noch erstaunliche naturwissenschaftliche Hochleistungen abgewinnen konnte und seinem hochtheoretischen Fach zudem beinahe öffentlichen Popstatus zu erwerben wusste.

Inzwischen gibt es auf dem Markt eine Fülle recht gut gehender Pop-Übersetzungen dieser fast arkan-esoterischen Astrophysik. Der US-Amerikaner Max Tegmark sucht uns in „Unser mathematisches Universum" von der quantentheoretischen Wahrscheinlichkeit eines Multiversums aus potentiell unendlich vielen Paralleluniversen zu überzeugen, und der Quantentheoretiker Brian Greene war recht erfolgreich mit „Das elegante Universum". Sogar das Fernsehen bietet seit regelmäßig populärwissenschaftliche Dampfplaudereien durchs Weltall und seine mutmaßliche Urgeschichte samt apokalyptischer SF-Zukunft.

Werden in hochhaushohen Detektoren "Gravitationswellen" des Urknalls gemessen oder in Teilchenbeschleunigern das "Higgsteilchen" entdeckt, welches die Welt mit Masse versorgt, ist das jedes Mal wissenschaftsjournalistische Schlagzeilen wert.

Eine Pop-Ikone wurde im 20. Jahrhundert das singuläre Wissenschaftsgenie Albert Einstein : Chaplin wunderte sich, dass jedermann (außer den Deutschen von 1933) ihn liebe und bewundere, obwohl doch niemand ihn verstehe. Auch Geige spielen konnte er "relativ gut", wie "Neutöner" Arnold Schönberg hören durfte.

Inzwischen bietet selbst das Internet dem geneigten Publikum Auftritte von Fachleuten mit teilweise recht brauchbaren populärwissenschaftlichen Präsentationen ihrer eigenen Spezialfächer und besonderen Spitzenleistungen an, ausführliche wie kurzgehaltenere. Wer nicht lesen mag, kann sehen und hören, was auf fast jedem Wissensgebiet heute so getrieben oder Popper-like falsifiziert wird. Der blutige Laie oder Wissenschaftsdilettant weiß i. A. allerdings nicht, welch bemühte Beiträge da sachgerecht zuverlässig ausfallen.

Wer von einem Sach- und Fachgebiet nur populärwissenschaftlich unterrichtet ist und sein Halbwissen gleich an andere Interessenten weitergeben möchte, ist voraussichtlich weniger vertrauenswürdig als ein ausgewiesener oder gar renommierter Fachmann, der zufällig noch die zusätzliche Gabe besitzt, komplexe Zusammenhänge seines Brotberufs auch dir und mir durchsichtig zu machen, obwohl diese segensreiche Gabe nicht notwendig zu seinen beackerten Forschungsfeldern gehört.

Man muss den Wald vor lauter Bäumen noch sehen – und Hinz und Kunz sicher hindurchführen können. Hard Science in Comic-Figuren geht aber vielleicht einen Schritt zu tief in den Geisteskeller.

Dazu wird der Berufsphysiker vor mir keine mathematischen Differentialgleichungen entwickeln, sondern schlagende Metaphern und bildhafte Annäherungen zu nutzen wissen. Wer Tiefsinniges in Sinnliches, abstrakte Begriffe in konkrete Bilder übersetzen kann, vielleicht sogar hohe Gedanken in tiefe Gefühle, hat den gewöhnlichen Sterblichen gleich auf seiner Seite – und manchen Fachkollegen zum naserümpfenden oder neiderfüllten Weglaufen gebracht.

Den Ehrgeiz, ihren nobelpreiswürdigen Ruhm nicht nur vor Konkurrenten ihrer Fachdisziplin zu festigen, haben viele, Glück und Erfolg damit allerdings weniger. Ganze Top-Universitäten wie Harvard und Stanford, Oxford und Cambridge wetteifern mit populärwissenschaftlichem Exhibitionismus ihrer Koryphäen vorm nichtakademischen Wissensproletariat draußen in Lande, ob nun in MINT-Disziplinen, Firmenphilosophien oder umweltanschaulichen Öko-Endzeitszenarien.

Laut Schopenhauer ist Philosophie eine unwissenschaftliche Kunst, laut Husserl eine "strenge Wissenschaft", wenn sie nur "eidetische Wesensschau" betreibe. Wie auch immer:

Wer Hegels „Vorlesungen zur Geschichte der Philosophie" oder den vielbändigen, ständig aktualisierten klassischen „Überweg" zu anstrengend findet, studiert vielleicht lieber Wilhelm Weischedels launige „Philosophische Hintertreppe" oder die amüsante „Kritik der kleinen Vernunft" des Interpretations- und Sportphilosophen Hans Lenk, um auf komische Art ernsthaft denken zu lernen. (Nicht gerade abzuraten wäre auch von Rolf F. Schuetts preiswerter "Philosophiegeschichte in Philosophengeschichten": "Die Liebhaber der Sophie").

Wer es etwas seriöser liebt, greift heutzutage in Deutschland gern zu einem der vielen Werke von Rüdiger Safranski, wenn er nicht eine Niveaustufe tiefer einen pragmatischen R. D. Precht bloggen hört. Safranski schrieb eine ausgezeichnete, nicht für Literaturwissenschaftler gedachte "Romantik" und zahlreiche populärwissenschaftliche, aber fachwissenschaftlich fundierte und genussreich zu lesende Monographien zu Dichtern (Goethe, Schiller, Hoffmann, Hölderlin) und Denkern (Schopenhauer, Nietzsche, Heidegger) – genuin streng wissenschaftlicher Gehalt in unterhaltsam literarischer Gestalt.

Wer eine auch stilistisch originelle Übersicht zur schönen Literatur sucht, ist gut bedient mit der "Tragischen Literaturgeschichte" des Schweizer Germanisten Walter Muschg, der wohl gerade den ratlosen Laien mehr anspricht als einen fachidiotischen Kunsthistoriker. Und wer unbedingt kunstgerecht dichten will, ohne Literatur zu studieren, mag die gut aufgenommene "Kleine deutsche Versschule" von Wolfgang Kayser immer noch nützlich finden.

Eine noch speziellere Untergattung, irrlichternd zwischen professioneller Philosophie und Literaturwissenschaft, ist z.B. die hierzulande wenig ernstgenommene Aphoristik. Eine reizvolle Einführung bietet da "Die Welt ist voller Sprüche" (Bochum 2010) des weltweit führenden Aphorismusforschers Friedemann Spicker.

Wer Religionswissenschaft oder Theologie für mehr als spiritistischen Hokuspokus hält und sich nicht in den Dschungel der Fachliteratur wagt, greift vielleicht mit Erfolg zu Manfred Lütz: "Der Skandal der Skandale" oder zu Wilhelm Schmidt-Biggemann: "Gott, versuchsweise" oder auch zum Reclam-Heft "Glaube und Vernunft" (Herausgeber Norbert Hoerster).

Inzwischen gibt es schon fachwissenschaftliche Sekundärliteratur zu populärwissenschaftlicher Literatur und umgekehrt, und dieser Essay ist dazu beinahe metadisziplinärer Hypertext. Wir werden aber hier nun nicht hochpedantisch alle Einzelwissenschaften in populärwissenschaftlichen Titeln aufbereiten und ganz verwässern.

Man fragt sich, wie viele Jugendliche durch populärwissenschaftliche Werke oder Internet-Powerpoints wohl zum ernsten Studium der Fachdisziplinen verführt worden sind. Man weiß, dass der junge Einstein als Mitglied eines unausgebildeten Lesekreises und Debattierclubs zur eigentlichen Physik kam und sogar als bloßer Schweizer Patentamtsangestellter seine bahnbrechenden Aufsätze schrieb, welche das klassische Weltbild des 20. Jahrhunderts grundstürzend auf neue Fundamente stellte, an allen Fachidioten vorbei.

Doch es funktioniert auch umgekehrt : Mein alter Naturkundelehrer sagte mal, wenn Physiker alt werden und nichts Neues mehr entdecken, fangen sie an, nur noch wild ins Blaue hinein zu philosophieren.

Aber wer liest populärwissenschaftliche Literatur? Nur die schon Gebildeten sind bildungshungrig genug, solche Bücher zu suchen und zu finden. Das gemeine Volk, also die Mehrheit der gewöhnlichen Sterblichen, versteht von Atomphysik und Gentechnologie viel zu wenig, um deren Chancen und Risiken samt dazugehöriger Politik angemessen beurteilen zu können. Deshalb steckt alle moderne

Demokratie in einem konstitutionellen Dilemma : Die Hochindustrie-gesellschaften werden notwendig beherrscht von Wissenseliten des naturwissenschaftlich-technischen Fortschrittschritts, also von einer Wissensaristokratie, die ihrem Wesen nach anti-demokratisch ist, wenn Demokratie die Wahlstimmen nicht gewichtet, sondern nur zählt ohne Ansehen der Person. Der vom investierenden Großkapital abhängige Wissensadel aber verzerrt wie der Geldadel und der Beamtenadel tendenziell jede Laiendemokratie des "Common man".

Kurz : Die Populärwissenschaft sollte umgangssprachlicher und humorvoller sein als ein Fachbuch, doch auch ungenauer und platter. Diesen (geringen) Preis zahlt man gern.

Im Übrigen ist populärwissenschaftliche Literatur wenig mehr als PR-Reklame von stets geldgierigen Wissenschaftlern in Richtung des doofen Steuergeldpöbels.

Amusische Literaturkritik aus Schilda

Wieland : Antikenjournalist mit Rokokograzie

Schiller : sentenziöser Kant der Kolportage

Goethe : edler Wilder oder harmoniesüchtiger Dichterfürst
als Adelsknecht?

Kleist : preußisch bipolarer Gefühlsabsolutist

Hölderlin : christlicher Dionysos,
verrückt nach verheirateter Diotima

Jean Paul : Satireidylliker mit Sprachgebäude
aus lauter pointierten Gebäuden

Stifter : österreichischer Schulrat als Kulturbukoliker

Heine : lähmend selbstdementierende Romantik

Mörike : frühverrentete Pastorale, Turmhahn kräht

Eichendorff : Amtsrat als fahrender Taugenichts

Fontane : pläsierliche Dampfplaudereien
eines Hugenottenpreußen mit Adelstic

Gotthelf : schwyzerdytscher Bauernprophet

Joyce : polyglott gemurmelter Weltmonolog

Musil : „Anderer Zustand" als „Schleudermystik"

Brecht : rote Bühnenhure als Politdemagoge

Schmidt : etymologischer Pubertätsmuskelmann

M. Walser : impotenter Erzähler als erektiker Aphoristiker

Kafka : komischer Literaturheiliger aller Versager

Döblin : Wie sich katholische Psychiater
den Berliner Proleten vorstellen

Böll : Entparadoxierter Chesterton vom Rhein

Enzensberger : hakenschlagfertiger Avantgardemime

Grass : rotbrauner Butt als Rättin Oskar

Kempowski : „Swingheini" der norddeutschen Literatur

Hemingway : Mehr Mann und das Tränenmeer

Philipp Roth : Nathan Z. der stückweise Jedermann

Updike : Rabbit Beech als christlicher Ehebrecher

Faulkner : Südstaatenkaff mit Maiskolbenfuck

Proust : beim asthmatischen Mamakind und Teetrinker
verlorene Zeit der Gedächtnislücken

Rimbaud : vom Jungpoeten zum Waffenhändler

Balzac : Pubertätsträume von der großen Welt

Flaubert : Heiße Literatur als kalte Gefühlswissenschaft

Baudelaire : katholischer Großstadtsatanist

Céline : kollab(or)ierender Sprachkotzer
der Dreipünktchenromane.

Gide : Grundbesitzerbe als schwuler Linkspietist

Beckett : Fettlebe mit Magersucht auf Mülltonnen-Fete

Dostojewski : epileptische Karnevalisierung
der slawischfrommen Lebensqual

Tolstoi : urchristlicher Buchgraf auf Bauernmagd

Shakespeare : Montaigne als Welttheater-Barbar

Dickens : sentimentaler Pickwick der Sozialkritik

Nabokov : Lolitas Schmetterlingsjagd
auf der Flucht vor Freuds Couch.

Capote: gefallen(d)e Societyhure als Queerjunkie

B. Strauss : Rechtstragiker contra *woke* Spaßwelt

Handke : Pop-Pietist als Aphorismusmystiker

Schopenhauer : paranoider Stammtischpessimist

Hebbel : Bühnenfatalist als Tagebuchaphoristiker

Lichtenberg, Kierkegaard : Buckel als Satiriker

Th. Mann : großbürgerliche Frack-Ironie holt Erhabenes
glatt auf Platt herunter

Trakl : Drogendichter im Geschwisterinzest
unter Bombenhagel

Rilke : feminine Juchtenfeder im *Weltinnenraum*

Hesse : mit pastoralem Landstreicherkitschier
zum Geisteskloster im Weltkrieg

Benn : kruppstahlharter Versnihilist
im dermatologischen Urschleim

Doderer : Wiener Strudlhof-Dämon fetter Damen

Büchner, Heym, Trakl, Borchert : Frühvollendete,
die keine Zeit mehr hatten zu verspießern

Ernst Jünger : General als rechter Poet,
schöngeistiger Charakterpanzer

Sartre: großbürgerlicher Bürgerschreck, säkularer Klosterbruder
mit Freiheit von der Ehe zur Clique

Th. Williams : amerikanischer Schwulenkannibalismus
plötzlich letzten Sommer

Homer : Hexameterhelden als epische Langweiler

Vergil : Papierhirten gegen Haudraufhelden

Dante : Himmelstragik als Höllenkomödie?

Cervantes : Narr als Idealist, Ritter unter Bürgern

Racine : klassisches Passionsballett im Tragik-Labor

Molière : Possenreißen als klassische Hochkultur

Victor Hugo : republikanische Geistermystik

Zola : Bürger zwischen DNA und Stallgeruch

Grillparzer : bindungsscheuer Goethe-Epigone

Gogol : russischer Revisor seiner Toten Seelen

Turgenjew : russischer Realismus ohne Poesie

Hamsun : rechtslastiger Landstreicherbarde

Hauptmann : Goethe als Weberhannele Till

Joseph Roth : Suffsehnsucht nach Kaiser Franz Joseph

Shaw : Nietzsches Übermensch als irischer Puritaner

Robert Walser : Überleben durch Selbstverkleinerung

Sprüche über Sprücheklopfer

Heraklit : Arbeitsfriede ist der Vater des Nichts

Gracian : Weltmann als Verstellungskünstler

Larochfoucauld : glückloser Politiker,
erfolgreicher Aphoristiker

Vauvenargues : Das Herz klopft Sprüche
vor frühem Herzschlag

Chamfort : Die Revolution frisst ihre Bankerts

Labruyère : Porträts charakterloser Charaktere

Fr. Schlegel : Fichtes rationale Urteilskraft wird zur ironischen
Einbildungskraft über allen Fakten

Novalis : Freier Geist baut sich seinen Körper

Lichtenberg : Der Buckel als Aphoristiker

Nietzsche : Übermensch ohne Über-Ich. Gnomischer
Machtwille des Krüppels über alle Krüppel

Karl Kraus : aphoristische Rumpelstilzchenwut
macht Pressehure zur Literaturjungfrau

Canetti : bekämpft Mamas Machtwillen in allen anderen;

Rezensierte Philosophen

Demokritos : Atommetaphysiker aus Schilda

Sokrates : Athener Nervensäge am gesunden Menschenverstand
der Normalos

Platon : wahre Welt oder Warenwelt, Norm gegen Normalität,
bitte von allem eine Idee mehr!

Aristoteles : Nur theo-retisches Leben ist göttlich

Epikur : Lüstling als Gartenphilosoph versteckt

Seneca : predigte stoisches Wasser und soff Epikurs Wein.

Augustinus : Keine Begnadigung durch gute Werke?

Thomas von Aquin : *stummer Ochse* griff seine Schlächter an

Spinoza : Ist der Schöpfer nicht mehr als seine Schöpfung?
Nur Affekt hilft gegen Affekt

Descartes : Geist denkt, Leib lenkt, Ich is(s)t

Leibniz : Analysen machen bei Monaden Halt

Kant : Dein freier Wille ist mein *Ding an sich.*
Opfer seiner Ab- und Zuneigungen befreit sich durch Pflichten

F-ich-te setzt jedes Nicht-Ich und sich davon ab

Schelling : Nachts sind alle potenten Katzen eins und grau(sam)

Hegel : macht sich einen ganzen Begriff von Gott und Welt

Schopenhauer : Wissenslust gegen Willensleid

Marx : „Ohne Köpfen geht das Ding nicht"

Kierkegaard : Innerlichkeit ohne Außenwelt
als Hölle im Gottesreich

Nietzsche : will Allmacht durch Philosophie
des Machtwillens und eviech wieder kehren

Wittgenstein : Die Nachwelt ist alles, was der Todesfall ist.
Die Kunstwelt ist alles, was der Sonderfall ist.
Die Arbeitswelt ist alles, was der Ernstfall ist.

Adorno : Ich ist das Wahre, das Ganze nur Ware

Jaspers : heilt chiffrierte Geisteskrankheiten
durch grenzumgreifende Existenzverdunkelung

Heidegger : Schwarzwaldidylliker für Angst
und Sorge als rechter Freier der Mutter Natur

Sartre : terrorbrüderlich totalitärer Freiheitsdenker

Hermann Schmitz : Ganzheitsschau eines Gefühlssingle

Denkbare Grenzen großer Denker

Platons Grenze liegt in antidemokratischem
Aristokratismus und totalitärer Ständestaatsphilosophie
mit Nähr-, Wehr- und Lehrstand.

Aristoteles' Grenzen liegen im goldenen Mix
aus Demokratie, Oligarchie und Despotismus.

Augustins Grenze liegt im fatalistischen Leugnen
menschlicher Willensfreiheit.

Thomas von Aquins Grenze liegt in der
Verkennung des dritten Monotheismus.

Descartes' Grenzen liegen in Analytischer
Weltkonstruktion und in logischem Abgrund
zwischen Leib und Geist.

Spinozas Grenze liegt in der Heiligsprechung der toten
Mutter Natur, in der alle vaterlosen Menschenkinder
schwindsüchtig untergehen.

Leibnizens Grenze beruht auf infinitesimaler
Weltzerlegung in unendlich vieles Kleinstes.

Lockes Grenze liegt im platt nominalistischen Empirismus.

Humes Grenze liegt im Vertrauen
auf gewohnten Affekt gegen Intellekt.

Rousseaus Grenze liegt in der naturideologischen
Autokratie des Kollektivwillens über den freien Willen
der Individuen.

Kants Grenze liegt im naturwissenschaftlich beschränkten
Erfahrungsbegriff.

Fichtes Grenze liegt im „Totschlag der Natur" durch
(fakten)freie Einbildungskraft, die sich für rationale
Urteilskraft hält.

Hegels Grenzen liegen im arbeitsprotestantischen
Geschichtsoptimismus ohne „faule Existenz" des
unvernünftigen Individuums.

Schopenhauers Grenzen liegen in
anti-demokratischer Rentnerphilosophie
und mitleidloser Antisemitismus-Moral.

Pascals und Kierkegaards Grenze liegt im asketischen
bis existenziellen Glaubenssprung in einen christlichen
Irrationalismus.

Marx´ Grenzen liegen in antisemitischem
Anti-Lumpenproletarismus, Produktivitätswahn
und politökonomischen Denkfehlern.

Nietzsches Grenzen liegen in antidemokratischem
Elitismus, antitheistischer Allmachtsphantasie
und perspektivischem Relativismus.

Heideggers Grenzen liegen in politischer Naivität,
matriarchalischer Ontologie und antisemitischer
Sprachpornographie.

Sartres Grenzen liegen in a(nti)theistischem
Terrorhumanismus, totalitärer Freiheitsmetaphysik
und politischer Naivität.

Blochs Grenze liegt in der Hoffnung auf rote Magna Mater
mit stalinistischer Stoffverstopfung.

Wittgensteins Grenze liegt in alternativloser Alternative
von logischer Kunstsprache und konformistischem
Sprachspiel, was er aber nonkonformistisch fragmentiert
ausspielt.

Adornos Grenzen liegen im Antitheismus,
Antiproletarismus und Nietzschekult.

Jaspers' Grenzen liegen im nur mütterlich „Umgreifenden"
und in der existenziellen Einheit von puritanischem Sein
und Denken.

Carnaps Grenzen liegen im logischen Positivismus
wissenschaftlicher Protokollsätze.

Luhmanns Grenzen liegen im Verwaltungssystem
ohne intellektuelle Öffentlichkeit.

Sir Poppers Grenze liegt in der Beschränkung
auf gesellschaftstechnisch expertokratische
Wissenschaftstheorie ohne Laiendemokratie.

(Herbert) Marcuses Grenze liegt in bloßer Kulturrevolution
ohne Sozialrevolution.

Bei Habermas scheitert die herrschaftsfreie
Diskursvernunft an der Klassengesellschaft von Arm und
Reich, gebildet und ungebildet. Habermas' Grenzen liegen
in der kontra-faktischen Konsenstheorie der Wahrheit von
antiproletarischen Kleinbürgerinitiativen.

Husserls Grenzen liegen in der Methode,
die nie zur Sache und ihrem Unwesen kommt:
„Wesensschau" folgt nicht aus begrifflicher
Begriffskritik.

Derrida verwechselte interpretierte Interpretationen mit interpretiertem *Buch der Natur* und phantasierte gegen europäischen Logophallozentrismus.

Foucaults Grenzen liegen in systematischer Ohnmacht des Individuums vor Systemen.

Blumenbergs Grenzen liegen in der Überschätzung technologischer Neuzeit gegen den „Absolutismus der Wirklichkeit".

H. Schmitz´ Grenzen liegen in Moralrelativismus und ganzheitsphänomenologischer Gefühlsschau.
.

Davilas Grenze liegt in sozialem Privileg und antidemokratischem Stände-Katholizismus.

J. Butlers Grenze liegt in genderisierter Sexverleugnung.

(Meine Grenzen liegen in meinen Vorzügen.)

„Der Gott der Philosophen" (W. Weischedel)

Heraklit : „Tretet ein, auch hier sind Götter."

Platon : Polytheist eines „Urgrunds" der Welt
ersetzte den Mythos durch Logos.

Aristoteles sah uns in ewiger Welt wie durch Liebe bewegt
vom „unbewegten Beweger".

Thomas von Aquin: katholischer Hausphilosoph

Epikur, Lukrez : Götter in jenseitigen Intermundien
kümmern sich nicht um Menschen.

Stoiker folgten einer göttlichen Weltvernunft.

Cusanus : absolutes „Potest" (Könnensein)
als mystische „coincidentia oppositorum".

Pascals Wette („Pensées") : Gibt es keinen Gott, verlieren
Gläubige nicht viel; gibt es einen, verlieren Ungläubige
unendlich viel.

Descartes („homme en masque") : Moderner
Mathematiker unter katholischer Maske.

Pantheist Spinoza : „Deus sive natura".

Leibniz : protestantische "Theodizee" (1712):
Die Welt ist als beste aller möglichen erschaffen
aus Kompossibilität höchster Komplexitäten.

Kant ; „Religion innerhalb der Grenzen der bloßen
Vernunft" (1794) ist nur Morallehre unter „regulativer
Gottesidee", unbeweisbar und unabweisbar zugleich.
Der gute Wille allein ist gut und „glückswürdig".

Fichte : Mystische Gottesidee korreliert mit dem absoluten
Ich der „Wissenschaftslehre".

Schelling : antisemitische Christozentrik
von mythologischen „Weltaltern".

Hegel : antisemitische Metaphysik des Protestantismus.
Monotheistische Dreifaltigkeit: Judaismus, Katholizismus
und Reformation. Philosophie sagt den Gebildeten in
Begriffen dasselbe, was Religion dem Volk in Bildern
sagt : christlicher Gehalt in metaphysischer Gestalt.

Kierkegaards Glaubenssprung in protestantischen
Irrationalismus : „existentielles Wagnis".

Marx : assimilierter Jude gegens Gesetz der Väter.
Sozialistische Thora-Transformation.

Schopenhauer : antisemitisch „buddhistischer Paranoiker"
(Canetti), christl. Mitleidsmoral.

Nietzsche : homosexueller Übermensch ohne Über-Ich,
Theozidant gegen Paulus und Plato.

Wittgenstein : schwuler Christ mit konformistischem
linguistic turn auch am Wort Gottes.

Heidegger : katholischer Apostat, doch „Nur ein Gott kann
uns noch retten". Sein „Seyn" selbst schickt Heiliges, n. u.

Max Scheler : „Heidegger ist ein statischer Denker,
ich halte es mit den Propheten.“

Jaspers : nur noch protestantische „Chiffren
der Transzendenz“ ohne Offenbarungsgehalt.

Bloch : „Atheismus im Christentum“ eines
assimilierten Juden. Prinzip Hoffnung auf rote Magna
Mater, des Teufels Großmutter.

Adorno : assimilierter Jude gegens Gesetz der Väter, doch
philosophische Reformulierung religiöser Erlösungsideen.

Habermas : „religiös unmusikalische“ und
„nachmetaphysische“ Rettung religiöser „Sinnressourcen“
für säkulare Demokratien.

Levinas : thoranischer Phänomenologe.

Davila : orthodox katholischer Philosoph.

Komisches gegen tragisches Denken

Demokrit von Abdera und Diogenes von
Sinope verlachten jeden, der sie auslachte.

Heraklit von Ephesos und Platon von Athen
fanden jeden lächerlich, der über alle(s) lachte.

Aristoteles stellte den heiteren philogelos
in den Dienst der Tugenden.

Pascal : „Se moquer de la philosophie,
c´est vraiment philosopher.“

Descartes zog geselliges Scherzen (raillerie)
dem arrogantenVerspotten (moquerie) vor.

Hippokrates machte Medizin zu Aphorismen, Kant machte
Humor zur Medizin, geselliges Scherzen fördere
Humanität. Im Witz platze gespannte Erwartung zu nichts.

Hegels System war ein „Universalwitz von Witzen“
(H.Schmitz), „Einheit von Entgegengesetztem“,
Identifikation der Widersprüche.

Fr. Schlegel verteidigte Ironie, Paradox, Witz und Bonmot
gegen Hegels Synthesis aller Synthesen, in der sie nur
Momente sind. (Hegels synthetisches Ganzes aller
Fragmente Schlegels erst wäre das einzig Wahre.)

Schopenhauer deutet das „Lächerliche" als Inkongruenz
von Bild und Begriff: Das Gefühl sprenge die Vernunft,
unter die es fällt.

Bergson verteidigte 1899 lebendiges Lachen gegen alles
Mechanisierte : Zeit gegen Raum, aber auch Flexibilität
gegen Prinzipientreue.

Wittgenstein : „A serious and good philosophical work
could be written and would consist entirely of jokes."

Nietzsche setzt Pariser Esprit gegen schwerfälligen
deutschen Geist und will lieber tanzen und lachen
als nur lächeln und scherzen.

Nietzscheaner Adorno rechtfertigte den Aphorismus als
beste philosophische Form, nicht aber Humor und Satire
contra blutigen Ernst.

Man kann den, der sich mit seinem Ideal
verwechselt, auslachen wie Demokrit oder beweinen
wie Heraklit – aus bloßer Eitelkeit?

Die Philosophiegeschichte Europas bleibt laut Whitehead
aber eine „Reihe von Fußnoten zu Platon", dem trockenen
Sprachspielverderber. Werden Platons Dialoge und
Heraklits Rätselsprüche zu Demokrits und Nietzches
Gelächter?

„Der Kerl hat keinen Wert für die Gemeinschaft.
Er ist einfach nur ein Individuum. *(L. F. Céline)*

Leichte bis schwierige Werke großer Denker

Platon : „Das Gastmahl" bis Dialog „Parmenides"

Aristoteles : „Rhetorik" bis „Metaphysik"

Augustinus : „Bekenntnisse" bis "Gottesstaat"

Thomas v. Aquin : „Über die Herrschaft der Fürsten"
bis „Über die Wahrheit"

Spinoza : „Theologisch-politischer Traktat" bis „Ethik"

Leibniz : „Theodizee" bis „monalogische"
Infinitesimalrechnung

Kant : „Beobachtungen über das Gefühl des Schönen und
Erhabenen" bis „Kritik der reinen Vernunft"

Maimon : „Lebensgeschichte" bis „Versuch einer neuen Logik"

Fichte : „Die Bestimmung des Menschen"
bis „Wissenschaftslehre" (1794)

Hegel : „Vorlesungen zur Ästhetik"
bis „Wissenschaft der Logik"

Marx : „Kommunistisches Manifest"
bis „Grundzüge der politischen Ökonomie"

Schopenhauer : „Aphorismen zur Lebensweisheit"
bis „Die Welt als Wille und Vorstellung"

Kierkegaard : „Tagebuch eines Verführers"
bis „Philosophische Brocken"

Husserl : „Philosophie als strenge Wissenschaft"
bis „Formale und transzendentale Logik"

B. Russell : „Philosophie des Abendlandes"
bis „Principia mathematica"

Carnap : „Mein Leben" bis „Der logische Aufbau der Welt"

Heidegger : „Feldweg-Gespräche"
bis „Beiträge zur Philosophie"

Jaspers : „Wohin treibt die Bundesrepublik?"
bis „Von der Wahrheit / Philosophische Logik"

Bloch : „Spuren" bis „Tübinger Einleitung
in die Philosophie"

Adorno : „Minima moralia" bis „Negative Dialektik"

Sartre : „Der Existenzialismus ist ein Humanismus"
bis „Kritik der dialektischen Vernunft"

Habermas : „Philosophisch-politische Profile"
bis „Theorie des kommunikativen Handelns"

Comeback? Geh weg!

Nach dem Tod kommt auf Erden der gute Sänger, Entertainer, Dichter, Denker oder Forscher selten zurück, sondern nur im Himmel der gute Mensch, heißt es. Kulturelles oder politisches Comeback ist zumeist eine nur schwächliche Wiedergeburt (Renaissance), die das endgültige Vergessen etwas aufhalten will und dadurch gerade eher beschleunigt. Nicht selten ist ein Comeback auch von vornherein unerwünscht, denn wer will schon einen ehemaligen Priesterzögling wie Stalin oder einen armen Bauern wie Mao-tse-Dong zurück? Ein „triumphales" Comeback ist oft nur eine späte und künstliche Scheinblüte, die das schlussendliche Verwelken schon mal einläutet. „Wiedergänger" sind aufgeschminkte Untote, denen man ihr Ableben gutgemeint gnädig noch vorenthalten hat.

„They never come back."

Was haben Muhammed Ali, Michael Schumacher, Jonny Cash oder auch Britney Spears das "strahlende Comeback" genützt? Das Comeback wird in der Regel den Popstars und kurzlebigen Modestilen vorbehalten, deren Ruhmeserfolg in Wellen kommt und geht. Jeder totgenudelte Kulturtrend erzeugt irgendwann Überdruss und holt seinen längst überwundenen Gegenpart irgendwann wieder aus der Mottenkiste hervor; die wiederverwendbaren Extreme treiben einander immer wieder gern renoviert hervor, stets ein wenig zeitgemäß modernisiert und aufgehübscht natürlich.

Auch Kultur mit ihren „knappen Sinnressourcen" (Habermas) treibt ein pragmatisches Recycling ihrer unverwüstlichsten Grundbestände. Ein Comeback mit wirklich revolutionären Innovationen war ja immer nur eine Rarität. Der **Neoliberalismus** etwa bedeutet kein Comeback der alten Wertliberalen, sondern eine reaktionärste Form illiberaler und sozialstaatsderegulierter Unternehmerideologie.

Der moderne **Neopaganismus** will das Christentum überwunden haben, hinter das er per Aufklärungsmythen aber nur unvermerkt zurückfällt – nicht etwa voll überschäumender heidnischer Lebenslust, sondern so tief pessimistisch schlaff, dass die Lebensfreude seinen Jüngern ständig massenmedial eingepeitscht werden muss (während sie im Mittelalter gezügelt werden musste, um nicht selbstmörderisch zu wirken).

Hat um 1900 der **Neoklassizismus** mit seiner jugendstilallergischen Sachlichkeit den Klassizismus des 18. Jhts. wiederbelebt, der selbst nur ein barockes Pseudo-Comeback der griechischrömischen Klassik war, oder die Moderne eingeleitet mit rechtwinkligen Symmetrien und schwertektonischen Säulengängen?

Und hat der akademische Neoklassizismus des frühen Picasso erst den mathematischen Kubismus in der von aller praktischen Verwendbarkeit abstrahierenden Malerei ermöglicht oder nur die hippe Werbegraphik gesellschaftsfähig machen können?
„Marketing Revival": Profitversprechende Wiederbelebung einer Kulturleiche in das mediale En-suite-Theater. Aber auch die Hochkultur kennt Comeback-Gesetze der Popindustrie und Trivialkunst.

Nach den verheerenden beiden Weltkriegen genoss z. B. der neoscholastische Neuthomismus eine kurze Scheinblüte in „abendländischen" Klostergärten des gründlich desillusionierten Bildungsbürgers. Die Christen gingen hinter Kants „kopernikanische Wende" zurück auf die vortranszendentale Transzendenzphilosophie des katholischen Hausdenkers Thomas von Aquin. Seit der Mitte des 19. Jhts. wird das Gottesgesetz restauriert, z. B. bei Papst Leo XIII. in seiner Enzyklika von 1879. Besonders das alte agrarfeudale Frankreich hat dem heiligen Thomas bei Maréchal, Maritain und Gilson ein Comeback-Stage verschafft, aber auch der berühmteste katholische Neuzeittheologe Karl Rahner hat ihn, anthropologisch rückfundiert, in die Retro-Inszenierung aufgenommen, um Aufklärungsatheismus und Romantik, historisch-kritische Bibelexegese und Neuzeitmaterialismus zu konterkarieren, natürlich auch gebraucht contra Kants „Aufkläricht", Hegels Preußenidealismus und Marxens Sozialismus.

Gegen Empirismus, naturwissenschaftlichen Materialismus und Schopenhauers Pessimismus wurde benötigt ein „Zurück zu Kant!". „Also muss auf Kant zurückgegangen werden", forderte Liebmann 1865 in seiner Kampfschrift „Kant und seine Epigonen".

Neukantianer wie J. Fries missverstanden allerdings das Transzendentale als bloß Psychologisches, und Kuno Fischer wollte Kants und Fichtes Idealismus verbinden, obwohl Fichte seinen Vorgänger Kant doch einen „Dreiviertelkopf" und Kant den Freiheitssubjektivismus Fichtes eine völlig haltlose Gespensterphilosophie geschimpft hatte.

Einflussreicher wurden für einige Jahrzehnte, bis die Lebens- und Existenzphilosophen dagegen revoltierten, der Neukantianismus der **Marburger Schule** (Cohen mit seinem einseitig mathematisch-natur-wissenschaftlichen Über-Kant-Logizismus-ohne-Ding-an-sich wie auch Ernst Cassirer mit seiner Sprachphilosophie der symbolischen Formen – die Luhmanns soziale Subsysteme vorwegnahmen) und die **Badener (Südwestdeutsche) Schule** um Heinrich Rickert, der die Wahrheit erkenntnistheoretisch als absoluten Wert etablierte, und Wilhelm Windelband, der „idiographische" Geisteswissenschaften strikt von „nomothetischen" Naturwissenschaften abgrenzte und damit die bis heute anerkannten unvereinbaren „Zwei Kulturen" (Snow) schuf.

Kants Vernunftkultur der Aufklärung war manchem aber nicht genug. Bei Hegel ist der aufklärende französische Verstand durch spekulative Vernunft des deutschen Idealismus noch dialektisch zu überhöhen. Eine bloße Phänomenologie des Geistreichen reiche nicht aus. Laut Neuhegelianern müssen die Geisteswissenschaftler Kants naturwissenschaftlichen Positivismus durch idealistische Rekonstruktion der europäischen Metaphysik ergänzend korrigieren : Hegels Comeback war fällig, als die empirischen Wissenschaften die Welt technologisch zu überwuchern drohten. Als man ihm nachwies, seine Naturphilosophie widerstreite den naturwissenschaftlichen Fakten, dekretierte Friedrich Hegel : „Umso schlimmer für die Tatsachen."

Das forcierte Comeback eines hochkulturellen Geistesführers tut ihm und seinem Werk in der Regel keinen Gefallen, sondern ist nur eine Form seines aufgeschobenen Abdankens. Neukantianismus und Neuhegelianismus haben Kant und Hegel nicht besser aus sich selbst, sondern einseitiger von heutigen Bedürfnissen aus verstehen lassen. Der Neoliberalismus ist der schlimmere Liberalismus, und der entchristianisierte Neopaganismus bringt eben nicht das Urwissen der Naturvölker zurück. Das beste Buch über den Aquinaten und doctor angelicus ist immer noch "Der stumme Ochse" von Pater-Brown-Erfinder Gilbert Chesterton, der kein Comeback-Scholastiker war, sondern nur ein orthodoxer Katholik und den "Common man" gegen die feudalen Eliten des Zeitgeistes verteidigte, als "Raufbold Gottes".

Jede Faustregel hat ihre Ausnahmen, von denen sie sich bestätigen lässt. Der US-amerikanische Autor John Williams schrieb 1965 einen damals freundlich begrüßten, doch nur wenig beachteten Campus-Roman. Vor wenigen Jahren grub ein Journalist die graue Maus aus, und seit diesem Comeback genießt dieser "Stoner" über einen unscheinbaren, doch integren Literaturprofessor geradezu Kultstatus.

Entwöhnbare Gewohnheitstiere?

Gewöhnliche Sterbliche wohnen in ihren Gewohnheiten.

Der englische Empirist David Hume hielt nicht nur den Menschen für ein Gewohnheitstier, sondern auch die Kausalität in der Welt für bloße Gewohnheit.

Das Kind schreit, wenn es geschlagen wird.

Schreit es, *weil* es geschlagen wurde, oder immer wieder, *nachdem* es geschlagen wird? Wir neigen ja dazu, die gewohnt wiederholte zeitliche Aufeinanderfolge zweier Ereignisse für kausale Auseinanderfolge einer Wirkung aus einer Ursache (oder sogar teleologischen Erfolg) zu halten, wenn nicht am Ende für die logische Implikation : Folgerung eines Schlusses aus seinen Prämissen. Kant fand für die Verstandeskategorie der Kausalität bekanntlich eine andere und bis heute umstrittene Lösung.

Der Journalist und von mir verehrte katholische Schriftsteller Gilbert K. Chesterton (1874 - 1936) erfand nicht nur die unscheinbare Figur des in fünfzig Erzählungen gewohnheitsmäßig erfolgreich kriminalisierenden Father Brown, sondern interpretierte auch die Naturgesetze des Universums als die bloßen Gewohnheiten seines Schöpfers, Gewohnheiten, die Er natürlich auch eines Tages ablegen oder jederzeit durch andere ersetzen könnte. Und die moralischen Sittengesetze sind dann nur praktische Konsequenzen aus diesen Gewohnheiten des Pankreators. Selbst moderne Kosmologen sind sich ja nicht sicher, ob die Naturgesetze des Alls im Laufe der letzten 14 Jahrmilliarden nicht vielleicht eine Evolution durchgemacht haben. Ist sogar der Schöpfer des Multiversums eine Art von entwöhnungsfähigem "Gewohnheitstier" ganz wie sein mutmaßliches Ebenbild?

Die Pädagogik hat immer ebenso gewarnt vor überverwöhnten, verzärtelten und verhätschelten wie vor allzu (str)eng und kurz gehaltenen Kindern, aber die Tugend als goldene Mitte zwischen zwei Lastern gerät stets recht mittelmäßig. Einer Zeit, die schrankenlose Wendigkeit und ewig jugendliche (Ver-)Lern-bereitschaft propagiert und andressiert, um den Anforderungen eines rasant sich beschleunigenden technisch-organisatorischen Fortschritts auch zu genügen, ist als retardierendes Korrektiv eher der entwöhnungsunwilligste Gewohnheitskult zu empfehlen.

Natürlich bleibt freier der an Bedürfnislosigkeit als an Luxusbedürfnisse Gewöhnte. Verwöhnender Überfluss an Überflüssigem macht eher suchtkrank. Ein Absetzen gewohnter Massenmedienkost z. B. generiert heute lebensgefährliche Entzugserscheinungen. Auf seiner lernunwillig kommoden Bequemlichkeit zu beharren, ist aber auch ein legitimer Akt des Widerstands und der wirksamen Revolte gegen den grassierenden sozialen Überanpassungsfuror. Ohne Flucht in Sucht ist das gleichzeitig überfordernde und todlangweilige moderne Leben in den Hochleistungsgesellschaften kaum erträglich, ohne unvermerkt geisteskrank zu machen – was dann als lebenstüchtig gesunder Menschenverstand gilt. Schluss mit "Fortschritt"!

Stereotype Gewohnheiten entlasten von permanentem Entscheidungsdruckstress. Freie Sehnsucht nach bequemsten Gewohnheiten gebrandmarkt als tyrannische Sucht?

"Die beste Wärterin der Natur ist Ruhe." (William Shakespeare)
"Ruhe ist das erste Bürgerrecht." (Johannes Gross)

Der zeitlebens melancholische Nobelpreisträger Samuel Beckett hielt Dauergewohnheiten für hochwirksame Antidepressiva und empfahl sie allen habituellen und suizidalen Griesgramen als bestes Psychotherapeutikum mit geringsten Nebenwirkungen.

Im vorgerückten Lebensalter verfestigen sich alte liebgewonnene Gewohnheiten leicht zum gefürchteten Altersstarrsinn, der aber auch seine guten Seiten hat. Seine bewährten Gewohnheiten sollte man sich nicht abgewöhnen lassen, und jedem Zeitgeist, der solches ideologisch rechtfertigt, mit gut begründetem Argwohn begegnen.

Der Kampf gegen "erstarrte" Gewohnheiten sucht nur unsere unbegrenzte Anpassungsbereitschaft an die vielen Hakenschläge des kranken Zeitgeists zu animieren.

Kurieren und / oder Kassieren?

„Halbgott in Weiß" oder
jeder sein eigener Kurpfuscher

"An apple a day keeps the doctor away."
Obst, Gemüse und Bewegung machen jeden Modearzt
zum Hungerdoktor.

Im Kapitalismus wäre es Heuchelei, einem Mediziner sein profit-strebendes Eminenz-Gehalt heuchlerisch vorzuhalten. Schließlich ist der Kapitalismus die bisher effektivste aller ausprobierten Wirtschaftsformen, und diabolisch effektiv ist er nur, wo er unplanmäßig von Krise zu Krise stolpern darf.

Krankhaft ist es nicht, wenn ein Chirurg sich eine goldene Nase verdienen will, sondern wenn er beim Operieren keine goldenen Hände hat, sondern zwei linke. Liegt der Dermatologe auf der faulen Haut, und geht der Augenarzt ins Auge, wenn der HNO-Arzt mir den Hals bricht, kein Ohr leiht und sich doch eine goldene Nase verdient, wenn Nervenärzte halbgeheilte Irre sind, die ihren Opfern nur auf die Nerven gehen, wenn unfähige Zahnärzte mit Mundraubtiergebiss zu viel zu beißen haben, herzbrechende Kardiologen kein Herz für ihre Kundenkönige haben, Nephrologen uns an die Nieren gehen oder Proktologen goldadergierig in den Arsch kriechen, wenn Orthopäden uns nur das Rückgrat brechen, wird der fahrlässige Äskulapstab zur straflosen Mörderkeule.

Die modernste Durchökonomisierung des gesellschaftlichen Heilsektors ist noch kein Unheil und eher eine Geisteskrankheit, aber eine Todkrankheit ist die todesangstbereitende Anzahl von schulmedizynischen Hilfsstümpern, welche die Universitätsfakultäten mit leichtsinniger Approbation verlassen, um auf hilflose Patienten ("Dulder") losgelassen zu werden und dann lebenslang genauso opulent abrechnen zu dürfen wie ausgewiesene Kenner und Könner. Dann wird die Approbation leichtfertig eine James-Bond-Lizenz zum strafbefreiten Töten des Kundenmaterials. Meine Magengrube darf ruhig zur Goldgrube des Arztes werden, wenn Dr. Sauerbruch meine ungestörte Verdauung wiederherstellen kann, statt mir nur auf den Magen zu schlagen.

"Compliance", vertrauensvolle Zusammenarbeit von Arzt und Patient, **primum nil nocere** ("Wenigstens niemals schaden!") im hippokratischen Eid oder nur Fallpauschalen, Leitlinienempfehlung auf letztem wissenschaftlichen Irrtumsstand, , seelenlose Fließband- und "Apparatemedizin ohne menschliche Zuwendung" etc.?
Jeder Arzt, heißt es, habe Angst, selber zum Arzt zu gehen:
Er kennt sich und seine Kollegen.

Werden ohne alle evidenzmedizinisch zwingenden Gründe zu viele Patienten profitabel operiert, deren Leiden durch "konservative" Kurativbehandlungen kostenschonender und effektiver zugleich zu lindern wären? War der lebensbegleitende, klapperalte Hausarzt von Anno dunnemal heilsamer, der seinen Patienten nur dadurch helfen konnte, dass er ihnen tröstend aber eigenhändig die Augen zeitig zudrückte?

Anton Tschechow verdiente sein Geld nicht als Arzt, um Feierabends seine heute weltberühmten Erzählungen zu schreiben, sondern verfasste sehr erfolgreiche Theaterstücke, um in seiner Freizeit arme Unterschichtpatienten und Straflagerhäftlinge kosten-los ehrenamtlich behandeln zu können (z. B. in der berüchtigten *Katorga* auf der Strafinsel Sachalin).

Auch der antisemitische Schriftsteller, literarische Krakeeler und selber von heller Todesangst getriebene "Wortkotzer" *Ferdinand Céline* ("Bagatelles pour un massacre", 1937) war hauptberuflich ein freiwilliger Armenarzt und eher karg besoldeter Seuchenmediziner gewesen : "Tod auf Kredit" (1936).

Sogar "Ärzte ohne Grenzen" soll es geben und andere medizinische Idealisten, die Obdachlose in den "Inneren Missionen" auch ohne Krankenscheine und Visitenhonorare kompetent behandeln.

Die international beachtete Hochleistungs- und Spitzenmedizin, die in den Medien sich so gern feiern lässt, kommt nur reichen Privatpatienten zugute auf Kosten der fahrlässig vernachlässigten breiten Volksmedizin, wo Patienten – doppelt arm dran – sich generell begnügen müssen mit den billigen Generica der abgelaufensten Fortschrittsmedikamente von vorgestern, also in jedem Fall viel früher versterben. Das ist der Skandal der kranken Klassenmedizin in unserer Krankenkassenmedizin. Das Lebensgefährlichste dabei ist nicht nur das Herrschaftsverhältnis von Herrn Doktor und Knecht Patient, sondern auch das Machtgefälle zwischen beamteten Privatpatienten und gesetzlichen Kassenpatienten.

Eine durchgreifend grundstürzende Gesundheitsreform ist längst überfällig, was ja allen Unbeteiligten seit Jahrzehnten sonnenklar ist. Warum soll für popelige Kassenpatienten das popelige Röntgenbild ausreichen, wo nur sein Ausbeuter in die neueste MRT-Röhre verschoben werden darf? Discounter-Schnapsflasche statt (aben)teure Chemo-Anästhesie, und für arme Sozialschwächlinge sollen nur die Selbstheilungskräfte von Mutter Natur zuständig sein? Als Sozialschrott Behandelte wie Geronten, Debile, Demente, Stadtstreicher, Erbgeschädigte, chronische Multiorganversager und andere Sozialstaatskrüppel proben den Aufstand : Warum denn den Organspenderausweis nicht einfach zur Goldenen Kreditkarte machen? Verspreche ich euch im Entnahmeernstfall (Hirntod) Herz und Nieren, garantiert ihr mir ab heute notariell eine lebenslange Spenderrente, ohne Auftragskiller (Hearthunter) auf mich anzusetzen, die mich schon morgen vor ein Auto stoßen! – Arme Ersatzteillieferanten sind dann kein behandlungsunwertes Leben mehr, sondern bieten auf allen Transplantationsbörsen gleichberechtigt mit : Schluss mit dem Abgrund heute zwischen den schönen Drittherz-Reichen und potthässlichem Kroppzeug am Krückstock! Die Titanhüften betuchter Multi-Bypassanten mit Chefarztanspruch auch für aspirinfressende Rollatorschieber-auf-Stütze und chronische Rollstuhlfahrer.

Der beste Arzt ist jener, den man nicht braucht oder konsultiert. Er selbst lässt den Blutdruck stets in lebensbedrohliche Höhe schießen, versteht sich aber als aufklärerisches Placebo überhaupt. Er wirkt wie die anthroposophischen Globuli, so homöopathisch verdünnt, dass kein einziges Wirkstoffatom mehr labor-objektiv nachweisbar ist, also wie ein Autosuggestivum in Weiß.

Die naturwissenschaftlich beschränkte Hochschulmedizin ist inzwischen jene Krankheit selbst, für deren Therapie sie sich hält (ohne dass alternative Natur-Quacksalberei und spirituelle Gesundbeterei durch "Geistheiler" nun viel vertrauenerweckender wären, sondern wohl nur die Kehrseite derselben Medaille.)

Ihr grobschlächtiges Basteln an Erbgut-Keimbahnen und Genomen wirkt wie ein Pressluftbohrer gegen hauchfeines Spinnengewebe. Dieser Medizinalbrutalismus wurde inzwischen nur inhuman und erschreckt seine menschlichen Zielscheiben zu Tode.

Ärztliche Kunst ist ein zielgebremster Sadismus, meinte Sigmund Freud, also sollte niemand praktizieren dürfen, der nicht zuvor auf Freuds Couch gezerrt wurde und eine psychotherapeutische Zusatzausbildung absolviert hat, um ein halbwegs vernünftiges Arzt-

Patienten-Gespräch führen und eine diagnostisch leidlich brauchbare leiblich-seelisch-geistige "Anamnese" erheben zu lernen. Der Wald-und-wiesen-arzt misstraut meist zu Unrecht der duldungsstarren Kooperationsbereitschaft seiner Patienten, der Normopatient dagegen misstraut oft zu Recht der Heilkraft seines furchterregenden Dr. Mabuse ohne Hartz4-Kassenbrille, aber mit dritten Drittwelt-Nieren. Wie viele niedergelassene Ärzte sind nur qualifizierte Friedhof-lieferanten?

Schulmedizin ist eine Reparaturwerkstatt zur Wiederherstellung von rentabler Arbeitskraft mit anschließend recycelbarer Schluss-entsorgung.

Genesen und Verwesen:
Patienten pro Arzt, Arzt contra Patienten.

Leibliche und geistige Ekelnahrung
Junk-Culture und Trash-Meat

Fast Food ist kein Festmahl, sondern fast Essen, auf die Schnelle zubereitet und nicht langsamer gekaut, aus der Witwer- und Junggesellenküche : Also Spiegeleier mit Konservengemüse, Spaghetti mit Tomatenmark, Resteverwertungseintopf oder kalter Obstquark vielleicht, Milchreis mit Zimt und Zucker, Pfannkuchen mit Apfelmus und Verwandtes. Ich bin weder ein Feinschmecker noch ein Kostverächter, und McDonald ist eine Oase US-amerikanischer Gastlichkeit inmitten von restaurant-heimischer Hausmannskostmuffligkeit, schrieb Wolfgang Pohrt.

Einst waren Arme nur Hungerhaken, und Reiche hatten hochangesehenen Embonpoint. Habenichtse haben heutzutage Bierbäuche, Wohlhabende sind schlanktrainierte Sportstypen. Früher waren die attraktiven Damen eher rubensfüllig, heute hungern die Modelidole sich magersüchtig.

Der eigentliche Schnellfraß aber ist das Junk-Food oder Trashmeal vom Billigheimer, der auch den spottbillig „trefen" Schweinedreck verhökert. Die berüchtigt bequemen Fertiggerichte voller Transfette, Zucker und suchterregender Appetizer aus der industriellen Hexenküche machen ihre Opfer fix und fertig, warnen Mediziner und profitieren davon zugleich. Gibt es Kooperationsverträge zwischen Ernährungsfabriken, Gesundheitsindustrie und Chemielaboren?

Schon glukosedicke Kleinkinder werden heute damit angefixt, die Dauerjunkies von morgen. Kurz, der Leser ahnt es : Mir fällt zum Thema nicht viel ein, das von anderen nicht schon oft und besser gesagt worden wäre. Der Mittelstand diniert, die Oberschicht

("Europas Edelfäule" : *G. Benn*) tafelt, und die Unterschicht geht bald zur Tafel.

Es gilt als barbarische Unsitte, beim Essen zu lesen oder beim Schmökern zu futtern, und ich huldige ihr, um keine Zeit mit Lebensnotwendigem zu verlieren. Leerer Bauch studiert nicht gern (volle Wampe erst recht nicht), aber es muss ja weder Chateaubriand noch Currywurst sein. Was nützt es, wenn ich Junk-Food auf dem Teller meide, doch mir auf dem Bildschirm reinziehe? Im „Lande der Bekloppten und Bescheuerten" (Dietmar Wischmeyer) kann kein Irrsinn ausgekocht werden, ohne auch schon gefressen zu werden, da juristisch Freigegebenes auch schon Pflichtübung und Plansoll ist.

Eher noch stammt unsere leibliche Nahrung heute aus der Haute Cuisine als die geistige Nahrung aus der Hochkultur.

Der Zeitgenosse hat den sinnlichen Gaumengenuss auf Kosten der sinnreicheren Geistesfreuden outriert und mit intellektueller Selbstverblödung erkauft. Der abgeschmackteste Geschmackssinn wird da zum Sinn des Daseins. Der Modeideologe Markus Gabriel gibt sein philosophisches Mäntelchen dafür her, sogar das menschliche Alleinstellungsmerkmal des Denkvermögens nur als sechsten Sinn auf das Niveau von Glotzen, Gehorchen, Begrabbeln, Schnüffeln und Ablutschen herabzuwürdigen. Ich sehe dabei alle Philosophen von Platon bis Hegel in ihren Gräbern rotieren, und der selbstbewusste Gabriel lässt sich feiern als Überwinder (!) einer zweieinhalbtausendjährigen Grübelgeschichte Europas.

Ist der Mensch auch nur ein Untier, frisst und poppt er nur wie ein Affe, statt auch mal zu denken und zu dichten, zu malen und zu komponieren. Die neuzeitliche Popkultur, die dem Spießer nach dem Maul schaut und damit aufs Maul haut, ist geistiges Fast Food und Junk-Food zugleich, das Superfood des neuen Übermenschen, blitzschnell produziert und noch schneller konsumiert. Ex und hopp, man lutscht den Lolli und Ffftt, weg ist er wie nie gewesen. Nichts darf mehr Mühe kosten, Hegels „Anstrengung des Begriffs", wo uns erst einmal Hören und Sehen vergehen muss, bevor etwas zu erkennen ist, weicht dem kinderleichten Griff und dummdreistesten Übergriff. Bloßes Empfinde(l)n reicht da schon, um Wahres zu finden und Verschlimmbessertes zu erfinden. – Der Kopf verfettet bei Popgeklampfe und Trivialliteratur (Krimi, Science Fiction, Fantasy, Manga, Liebesschmonzetten etc.), bei Tiefkühlpizza, Eiscreme und Cheeseburger.

Der Schriftsteller Botho Strauss forderte einmal, die heutigen überverwöhnten Alten (ich füge auch die Jungen hinzu) jeder in ein Zimmer zu sperren und nicht eher herauszulassen, bis sie mit spitzem Bleistift z. B. ein Werk von Max Scheler Zeile für Zeile mit der Nase dicht am Text durchstudiert haben, ohne zu ihrer faden und nur stopfenden Medienkost wegzuschleichen. Leider würde auch dieses pädagogisch und philanthropisch wertvolle Projekt natürlich am vielbeschworenen Freiheitsgefasel von vornherein scheitern.

Gut ist, was mir gut tut und gefällt, und alles ist nur Geschmackssache : Her mit dem kulturindustriellen Junk-Food, der uns ewig Unmündigen so überaus mundet ohne Brechreiz!

Geht KI nun o.k. oder k.o.?
AIA (Artificial Intelligence Agency?)

Künstliche Intelligenz bringt natürliche Verdummung,
doch natürliche Klugheit oft kunstvolle Verblödung.

Schachcomputer schlagen schon Schachweltmeister,
doch Narren mit Sparren noch autonome Autos.

Ein Computerprogramm kann in einer Minute Hunderte von KI-Gedichten ausspucken und ausdrucken. Welche davon allerdings halbwegs brauchbar und gelungen, entscheidet der atmende Leser. Ich will Mozart hören, nicht KI-Musik à la Mozart. Ich will Heine lesen, nicht KI-Gedichte in Heines Machart. Du willst Rembrandts sehen, nicht KI-Gemälde in Rembrandtmasche.

KI schafft Kunstgewerbe nach Spielregeln von Kunstkennern. Könner schaffen in jedem Geniestreich ihre eigenen Spielregeln neu, wie Kant in seiner Ästhetik des Geschmacksurteils und der zweckmäßigen Urteilskraft schrieb, die mehr ist als nur phantasievolle Einbildungskraft.

KI soll und kann uns, damit wir Zeit haben zum Dichten, Denken und Komponieren, viele Knochen-, Routine- und Drecksarbeiten abnehmen, nicht Kunstwerke wegnehmen. Wenn Automaten Kunst können, muss ich wieder selber Tag für Tag die Erde um- und dummwühlen. Schon Stephan Hawking warnte vor einer dystopischen Zukunft, in der KI-Roboter die Herrschaft über uns und die Erde übernommen haben wie Platons Philosophenkönige.

KI (AI) kann die rationellsten Mittel und Wege einsetzen, um vorgegebene Zwecke und Ziele in kürzester Zeit zu erreichen, aber Kultur ist die Kunst der langen und indirekten Umwege. Sobald KI selbst die rationalsten Zwecke und Ziele wählen darf, hat sie uns besiegt statt geholfen. KI hat nur instrumentelle Vernunft, weil sie kein kommunikatives Handeln erlaubt. Sie koordiniert Maschinen effektiv, und eine moderne Lokomotive lohnte sich nicht, wenn die Dampfventile noch von viel zu langsamen menschlichen Zugführern bedient werden müssten. Deshalb lohnt sich der Hochindustrialismus mit seinen Füllhörnern nur als Kapitalismus, weil er den unzuverlässig autonomen Menschen durch autonome Kapital-KI optimiert.

Berühmt und berüchtigt ist der **Turing-Test**: Wenn ein Mensch nicht merkt, ob er am Telephon mit einem Menschen oder einer Maschine ein (nicht zu kurzes) Gespräch führt, darf diese Maschine in Kommunikationen fortan als Mensch durchgehen. Ein Psychiatrie-Automat, dessen Stimme ein Patient nicht als Maschine erkennt, darf als Mensch behandelt werden und auch diesen Patienten behandeln. Dieser Turing-Test wird hoffentlich nie im Ernst eingesetzt werden.

Deepfake-Pornographie mit Face Swapping ist eine abartige Abart von Plattfakt-Mobbing, um Mit- und Gegenmenschen sozial zu zerstören. Diese Bildbearbeitungstechnik kann allerlei humoristischen Frohsinn generieren, aber vor allem die Lebenszeit mit modischem Schwachsinn totschlagen.

Kurz : Nach allen historischen Erfahrungen steht zu fürchten, dass KI schon o. K. ist, d. h. organisierte Kriminalität, die den Menschen in the long run schlagen, also k. o. schlagen wird. Selbstlernende "neuronale Netzwerke" lernen ja lediglich, die steinerweichende Naivität und Verrücktheit ihrer Erfinder und reichen Auftraggeber zu optimieren. Ethisch kommt, was technisch geht.

KI ist in der Gegenwart die Wunderwaffe der Zukunft gegen die Vergangenheit. Von der eigenen Dämlichkeit angekurbelt, soll sie diese optimieren und nichts anderes, bis zum sich selbst überholenden Quantencomputerhyperschwachsinn. – KI-Maschinen können das, was Klein-Doofi auch kann, nur noch viel besser, höher, weiter und genauer. KI ist die debile Wunschintelligenz der Grenzdebilen und damit der derzeit vielversprechendste Angriff auf die Natur im Namen ihrer Veredelung. Die Fortschrittsgeschichte der sesshaften Menschheit ist seit der nomadischen Steinzeit eine einzige Verfalls-geschichte, und die KI ist der vorerst letzte Schrei dieses von vielen ambivalenten Lebenserleichterungen angefeuerten Frontalangriffs auf die vollendete Schöpfung. Ob KI-Imbezilität der durchdigitalisierten Hölle sich wohl künftig noch toppen lässt? Die nach unten offene Skala der Intelligenz wartet in den Laboren und auf den Reißbrettern der kapitalisierten Wissenseliten sicher schon auf die nächsten drogengepeitschten Herausforderer. Wenn selbst Mega- und Meta-Sex durchvirtualisiert sind, wird vielleicht gewöhnlichster Analog-GV samt Liebesbeilage irgendwann auch einmal wieder reizen.

KI kann nur, was an Kunst eben nicht Kunst ist.
Jedes Kunstwerk hat auch eine solche Schicht.

Weitere kostenlose Infos und Handreichungen
unter : *www.synthetic-subintelligence.de*

Sponge it over! *Vergeben und Vergessen*

" ... Unser täglich Brot gib uns heute und vergib uns unsere Schuld, wie wir vergeben unseren Schuldigern ...", heißt es im bekanntesten monotheistischen Gebet, aber heutzutage werden solche Begriffe ja nun weniger von Seelsorgern als von Psychoklempnern erörtert und wegzerredet.

Was es auch war, egal was, vergessen wir's und Schwamm drüber! Schließlich haben ja alle Dreck am Stecken, oder nicht?

Vgl. Markus 3,28f: „Wahrlich, ich sage euch: Alle Sünden werden den Menschenkindern vergeben, auch die Lästerungen, wieviel sie auch lästern mögen; wer aber den heiligen Geist lästert, der hat keine Vergebung in Ewigkeit, sondern ist ewiger Sünde schuldig."

Diese Todsünde sieht in der Schöpfung nur Satans Werk.

Qoran-Sure 4, Vers 116: "Wahrlich, Allah wird es nicht vergeben, dass Ihm Götter zur Seite gestellt werden : doch Er vergibt, was geringer ist als dies, wem Er will."

„Jesus aber sprach: Vater, vergib ihnen; denn sie wissen nicht, was sie tun!" – Lk 23,34

Die Gläubigen sollen sich gegenseitig vergeben:

„Ertragt einer den andern und vergebt euch untereinander, wenn jemand Klage hat gegen den andern; wie der Herr euch vergeben hat, so vergebt auch ihr!"

– Kolosser 3,13

„Da trat Petrus zu ihm und fragte: Herr, wie oft muss ich meinem Bruder vergeben, wenn er sich gegen mich versündigt? Siebenmal? Jesus sagte zu ihm: Nicht siebenmal, sondern siebenundsiebzigmal."

– Mt 18,21 f.

Wir werden uns hier beschränken auf das, was in den begriffs-erschöpfenden Wikipedia-Artikeln zu "Vergebung", "Verzeihung", "Entschuldigung" und "Absolution" bereits in ermüdender Breite zu lesen steht von Fachpsychologen, Philologen und Theologen. Lenken wir lieber die Aufmerksamkeit auf einen Punkt, der erstaunlich selten Erwähnung findet in diesem Zusammenhang. Gar nicht so wenige Opfer von Verletzungen, Beleidigungen oder Kränkungen vergeben ihren Tätern, um ihre wenigstens moralische Überlegenheit zurück-zugewinnen. Der großmütig Vergebende erhält wieder Oberwasser über seine beschämende Ohnmacht und wehrlose Hilflosigkeit. Er rächt sich, indem er seinerseits seinen Beleidiger beschämt und "glühende Kohlen auf sein Haupt sammelt", wie die Bibel formuliert. So gewinnt er sein gedemütigtes Gleichgewicht zurück.

Im Übrigen verzichtet das Opfer auch gern einmal auf den Schuld-vorwurf, indem es den Täter seinerseits als unzurechnungsfähiges Opfer von entschuldigenden Umständen, Affekten oder Erbanlagen erklärt. "Alles verstehen heißt alles verzeihen"? Das ergibt neben der zurückgeholten moralischen Überlegenheit ja noch eine zusätzlich kognitive und intellektuelle:
Du armes Schwein konntest ja gar nicht anders.

Die Antifeministin Claire Goll nannte ihre Lebenserinnerungen 1976 schlicht : "Ich verzeihe keinem".

Zur Rechenschaft gezogen werden kann nur, wer auch wusste, was er tat. Der Himmel verschonte die verderbte Stadt Ninive : "Denn sie wissen nicht, was sie tun.". Der kleine Prophet Jonas schien diese Logik nur schwer zu verstehen und bestand auf angedrohten Strafen.

Herausforderndes Gehabe

Der moderne Fortschritt nimmt jedes auftauchende Weltproblem und Welträtsel gern als eine sportliche Herausforderung, die seinen Kampfgeist und Wettbewerbsehrgeiz beflügelt. Leider sieht er oft zu spät, dass seine Lösungen dann nur noch viel größere Probleme geschafft haben, als sie beseitigen, und das Hamsterrad dreht sich weiter. Kulturelle Vordringlichkeiten werden dabei bevorzugt ersetzt durch gesellschaftliche Aufdringlichkeiten, Erforderliches durch An- und Ab- und Eingefordertes. "Fördern und fordern" oder nur herausfordernd herausbefördern aus allem Wesentlichen?

Mancher wird erst wach, wenn er herausgefordert wird, aber dann ist er ganz da und will wissen und zeigen, was an Fähigkeiten und Möglichkeiten in ihm steckt. *Challenges* wollen gemeistert sein (auch wenn die Weltraummission „Challenger" ein krachender Reinfall ins Meer statt stolzen Aufstieg in den Himmel wurde). Der Historiker *Arnold Toynbee* deutete die Weltgeschichte als eine Abfolge von mehr oder weniger kollektiv gemeisterten Herausforderungen durch widrige Umwelt und sperrige Mitwelt.

Du selber hast niemals irgendein Problem im Leben gelöst oder eine wichtigere Frage wirklich zufriedenstellend beantworten können. Du hast niemals irgendetwas „verarbeitet", wie die Psychologen heute fordern und dich herausfordern wollen, sondern immer nur mehr oder weniger gut überstanden und überlebt. Selbst überwältigende Gefühle bewältigst du selten genug und leistest z. B. auch keineswegs irgendeine „Trauerarbeit", sondern lässt dich gegebenenfalls von den schwarzen Wogen der Verlustverzweiflung überrollen, in der ziemlich unbegründeten Hoffnung, dass sie irgendwann mal schwächer werden mögen, wenn die natürliche Leidensfähigkeit abstumpft. Das ist alles, was du in solchen Schwarzen Löchern tun kannst. Wer das Gegenteil von sich behauptet, könnte einer Illusion oder Autonomie-Ideologie erliegen, also einer schmeichelhaften Großtuerei. Alles ist unlösbares Rätsel und unverdiente Gnade, "Kismet".

In fast sublimierter Form beantworte aber auch ich manche Challenges. Wirft die Gesellschaft mir in den Medien ein „brennendes" Thema zu, greife ich es zuweilen in einer mutwilligen Laune mit bloßem Kopf in der Luft auf und gebe meinen unmaßgeblichen Senf dazu, nicht um es zu löschen, sondern nur meinen Wissens- und Freiheitsdurst. Sonst lasse ich nicht *mich* herausfordern, weil ich mir nichts gern abfordern lasse, sondern die meisten Zumutungen eher ungerührt an meiner kräftesparenden Indolenz vorbei durchwinke. Herausforderungen sind zumeist Provokationen, terroristische Forderungen, die selten sachlich oder vernünftig berechtigt sind und besser unbeachtet bleiben, denn „Ruhe ist das erste Bürgerrecht" *(Johannes Gross)* in einer überdrehten Stresswelt.

Die meisten Zeitgeistherausforderungen wie etwa Frieden, Forst, Frauen, Klimakatastrophe etc. sind nicht viel mehr als modisch aufgeputzte Zeittotschläger und arglistige Ablenkungsmanöver, die uns ganztägig beschäftigungstherapieren sollen, damit wir nicht auf dumme Gedanken kommen und in innerer Emigration verschwinden bzw. den ganzen Laden anzünden. Die meisten Herausforderungen durch Zeitgenossenschaft entpuppten sich meinem Verstand schnell als Dinge, die mich nur weglocken wollten und sollten von dem, was mich selber angeht. Wer oder was mich herausfordert durch sein herausforderndes Gehabe, fordert von mir mein Bestes, das ich ihm gar nicht geben will, oder mein Schlechtestes das ich ihm erst recht nicht herausrücke.

Wer dich persönlich herausfordert und provoziert, will testen, wie weit du gehst und dich zu unbedachten Reaktionen hinreißen lässt, um sich einen guten Vorwand zu schaffen, dich zu verletzen und zu demütigen. – Wohl dem, der sich nicht jedem aufgenötigten Kräftemessen ausliefert.

Und ohne zündelnde politische „agents provocateurs" leben Einheimische und Auslandsmigranten überall friedlich zusammen.

Der Mensch als Handelsklasse 1

Auch außerhalb jeder EU behandelt die organisierte Gesellschaft jedes liberaler oder autoritärer verfassten Staates seine Bürger als „Handelsware und Nutzungsgegenstand" und kann es gar nicht anders, wir sind nicht mehr (oder noch nicht wieder) im Paradies. Der europäische Chefaufklärer *Kant* als Anwalt der Vernunft schrieb sein Sittengesetz, den Kategorischen Imperativ, dass jeder Mensch jeden Mit- und Gegenmenschen jederzeit nicht nur als Selbstzweck, sondern immer auch als Mittel zu behandeln habe. Also behandelt jeder jeden nicht nur als (fragwürdiges und zweifelhaftes) Subjekt, sondern auch als nützliches und vernutzbares Liebesobjekt. (So viel zur philosophischen Verankerung im darwinistischen Naturrecht des Stärkeren plus christlicher Armenfürsorge.)

Wie oft haben wir dieses Krokodilstränen-Gejammer über die moderne Ökonomisierung aller menschlichen Verhältnisse nun schon gehört, und wie oft werden wir uns diese eintönigen Jeremiaden inskünftig noch anhören müssen? Der Mensch handelt und wird gehandelt, wir verhandeln und werden (nicht nur von Ärzten) behandelt, na und? Wir handeln uns ein, was wir aushandeln, und benutzen auch das Nutzloseste. "Der Mensch" ist als Anhängsel seiner Arbeitskraft eine Ware auf dem Weltmarkt und/oder National-markt. Das ist das einzig Wahre, heißt es, aber dass die Ökonomie das Schicksal des Menschen sei, ist eine bloße neuzeitliche Ideologie.

Was schlägt man uns stattdessen vor?

Der Sozialismus als erzhumanistische Gegenutopie führte stets nachtwandlerisch sicher in ziemlich stalinistische Militärdiktaturen, ein weiterer Versuch mit diesem Denkfehler empfiehlt sich daher nur geborenen Selbstmordkandidaten. Kein Heil in oder außerhalb der EU, die ja keine VSE („Vereinigten Staaten von Europa") ist?

De Gaulles Europa der autonomen Vaterländer oder noch einmal ein „Dritter Weg" unseres dritten Standes als (typisch deutscher) „Sonderweg" zwischen den ost-westlichen Machtblöcken, ein neuer Nationalneutralismus, der via "Friedensbewegungen" automatisch unter den Machteinfluss eines „eurasischen" Großreiches führen würde und – schon mehrfach in den unbelehrbarsten Ruin führte? Also nur die Wahl zwischen Pest und Cholera – als Vasallenstaat einer der drei verbleibenden atomaren Weltmächte? Da empfiehlt sich als kleineres Übel, sich einer wenigstens formalen Demokratie anzulehnen, die prinzipiell jederzeit selbstreformfähig bleibt, wo man also prinzipiell jeden demokratischen Irrtum nachträglich korrigieren und jeden demagogischen Politversager irgendwann auch wieder legal abwählen darf. – Neues Spiel, neues Unglück?
VSE als Gegengewicht sind ein schöner Gedanke.

Seit der Steinzeitmensch sich entschloss, sein freies Nomadenparadies aufzugeben und die feudale Agrargesellschaft sesshafter Grundbesitzer und landloser Landarbeiter zu gründen, also den viel produktiveren Weg des „Fortschritt" bis hin zu einem Industriezeitalter zu beschreiten, werden viele Menschen von wenigen Unmenschen unterdrückt und ausgebeutet, und der Rückweg ins verspielte Großfamilienparadies scheint ihnen verbaut, wie schon die biblischen Schriften wussten, die einen anderen Weg vorschlagen – bisher ohne Resonanz bei Herrschern wie bei Beherrschten.

Geniale Wirtschaftstheorie des *Alten Testaments*

Oberster Grundsatz des biblischen Boden- und Besitzrechts ist der Gottesspruch (Lev 25,23) : "Mein ist das Land, und ihr seid Fremdlinge und Gäste bei ihm."

Die „Umverteilung des Bodenbesitzes sollte die von Gott gebotene Gleichheit aller Israeliten mindestens einmal pro Generation sozial-ökonomisch wiederherstellen, so verarmten, in Abhängigkeit geratenen Landlosen eine Zukunftsperspektive eröffnen, die Grundbesitzer zu ihrer Freilassung verpflichten und ihnen einen gemeinsamen Neuanfang gewähren. Menschliche Besitz- und Herrschaftsverhältnisse sind demnach nicht ewig, sondern müssen nach dem Willen des Gottes Israels regelmäßig zugunsten der Besitzlosen verändert werden." (Aus : *Wikipedia* zum Stichwort „Erlassjahr")

Siehe auch : *Amos* 5, 11 f.: „Darum, weil ihr die Armen unterdrückt und nehmt von ihnen hohe Abgaben an Korn, so sollt ihr in den Häusern nicht wohnen, die ihr von Quadersteinen gebaut habt. Denn ich kenne eure Freveltaten, die so viel sind, und eure Sünden, die so groß sind, weil ihr die Gerechten bedrängt und Bestechungsgeld nehmt und die Armen ... unterdrückt."

In Jes 65, 21 f. heißt es zu den Armen: „Sie werden Häuser bauen und selbst darin wohnen, sie werden Reben pflanzen und selbst ihre Früchte genießen. Sie bauen nicht, damit ein anderer in ihrem Haus wohnt, und sie pflanzen nicht, damit ein anderer die Früchte genießt. (Siehe auch : 1. Kon 21, Amos 2, Jer 34,8ff.)

Der Armenprophet Jeshua ben Joseph (lateinisch Jesus) beginnt sein Auftreten laut Lk 4,18 ff. in der Nazareth-Synagoge mit dem Zitat der Verheißung eines endzeitlichen Erlassjahres (Jes 61,1):
„Der Geist des Herrn ruht auf mir; denn der Herr hat mich gesalbt. Er hat mich gesandt, damit ich den Armen eine gute Nachricht bringe; damit ich den Gefangenen die Entlassung verkünde und den Blinden das Augenlicht; damit ich die Zerschlagenen in Freiheit setze und ein Gnadenjahr des Herrn ausrufe."

„Er kommentiert das Zitat mit dem einzigen Satz : „Heute hat sich das Schriftwort, das ihr eben gehört habt, erfüllt." Damit drückte er aus, dass sein Wirken das gebotene Erlassjahr endgültig verwirklichen werde, dieses vergessene Gebot also gültig geblieben sei. Der Text gilt in der neueren NT-Exegese als programmatische Zusammenfassung der Verkündigung Jesu und seiner Absicht, die Toragebote für die Armen und Benachteiligten zu erfüllen.

Dem entsprechen Jesu Seligpreisungen in der Bergpredigt (Mt 5, 3-12)". (Zitat aus *Wikipedia :* Stichwort „Erlassjahr")

Herr und Knecht sollen also mindestens einmal in einer jeden Generation ihre Rollen vertauschen, weil die Erde nur ihrem Schöpfer gehört und alle Menschen stets nur Seine befristeten Pächter sind, die nicht mehr als Nutzungsrechte genießen.

Warum nicht auch einmal dem Wink des Himmels folgen,
der stets die besseren Ideen hat und hatte?

Marcus Steinweg : „Sprachlöcher" (Berlin 2023)
Versuch einer Buchrezension

Es sind eher fragmentierte Aufzeichnungen und Reflexionsnotate als pointierte Aphorismen. Welche der rund 350 neuesten „Sprachlöcher" (Berlin 2023) von **Marcus Steinweg** sind nun Startloch, Schlüsselloch, Schlupfloch, „Wurmloch", Schlagloch, Nasenloch, Luftloch, Knopfloch, Guckloch, Mauseloch oder – Arschloch? Diese Buchbesprechung könnte sich wohl gleich vorweg zusammenfassen in die Formel : Nichts davon und doch alles zugleich!

1905 erschien „Der Witz und seine Beziehung zum Unbewussten" von Freud. Das eigentlich Reale sei das ins Unbewusste Verdrängte, das z. B. im Witz geistesblitzartig zurückkehre. „Lacan hat einmal gesagt, die Psychoanalyse solle sich dem „Spaßigen" öffnen." (a. a. O., S. 33) Sieht der Autor die „Zukunft der Psychoanalyse" mit Lacan also in der schwachsinnigen zeitgenössischen „Spaßgesellschaft"?

Wer mit vielen seiner Denkmotive sympathisiert, den muss irritieren, was ihn von Steinweg trennt, der Dichter und Denker, Literatur und Philosophie zusammendenkt, ohne doch „luxuriösem Anti-Akademismus" huldigen zu wollen. Dieser Spross einer Juristenfamilie, Jahrgang 1971, brilliert vor laufender Kamera als freihändig philosophierender Performancekünstler vor einem Saalpublikum, das seinen fieberhaften Präzisierungsimprovisationen voller virtuos gehandhabter Kunstsprache seit langem begeistert folgt.

Einer der Grundgedanken dieses deutschsprachigen Dekonstruktivisten besagt nun, dass unsere konventionellen Realitätsbegriffe uneinlösbare „Konsistenzversprechen" seien, nur imaginäre Sozialkonstrukte, die es zu de(kon)struieren gelte, also von der metaphysischen Höhe auf den Pisspott und Teppich zurückzuholen. Aus naturbeherrschender Klaustrophobie sozialer und geistiger Zwangssysteme werden Auswege ins außermenschlich Reale gesucht, also Choc-Kontakt mit dem krassen Draußen und Jenseits (und sei es nur eine Abseitsfalle).

Der Nietzscheaner Adorno hatte in seinem Kierkegaard-Buch von 1933 ausgeführt, dass ein Rückzug in die narzisstischen Fallen subjektiver Innerlichkeit das haargenaue Gegenteil erreiche von dem, was er wolle. Die ausgeblendete böse Welt schlage hinterrücks unverarbeitet wieder hinein in die sau´bere Innerlichkeit der „schönen Seelen", die sich rein halten wollen vom Schmutz der Welt. Das Unheimliche sei immer schon daheim mitten im heimatlichen Eigenheim. –

Dein Mund müsse sich aber in die Welt ergießen, die sich über Aug und Ohr in dich ergieße, ohne je wie aus einem Guss zu sein.

Steinweg führt seine Heiligen häufig in Zitaten vor : Kafka, Beckett, Duras, Weil, Brecht, Cioran, Adorno, „Schriftstellerphilosoph" Sartre und dann eben vor allem „poststrukturalistische" französische Dekonstruktivisten wie Lyotard, Baudrillard, Bataille, Deleuze, Derrida, Foucault, Nancy u. a.

Laut Sartre (1943) ist jedes menschliche „Für-sich-sein" ein wohltuend freiestes „Loch im Seinsgewebe", immer „dehors de trop", um im und am ekelerregenden „Brei des An-sich-seins" der Welt nicht zu ersticken, einem „Zuviel des Seins". Sartre wird als Meister des poesie-philosophischen Essays gepriesen, der die Moralisten des 17./18. Jahrhunderts als Höhepunkte der französischen Literatur rühmte (obwohl er selber kein Aphoristiker war und z. B. einen Jules Renard signifikant verkannte).

Steinweg will sich mit Unbekanntem bekannt machen, um seine Bekannten mal wieder als große Unbekannte erleben zu können, um endlich vom unkonstruiert Realen hinter unseren bloßen Realitätskonstrukten und simulierten „Simulakren" (Baudrillard) sich wieder verführen zu lassen. In der inneren Leere einer endlosen Welt ohne den Unendlichen will man sich wieder als prallvolle Null empfinden und das angsterregende Nichts an allem Seienden mit Heidegger als das so runde wie offenbare „Seyn selbst" erleben. Aus der Not der inneren Leere die Tugend der schwindelerregend orientierungslosen Freiheit machen, eine launische Freiheit *von* allem und nichts wie auch *zu* allem und nichts …

Der Autor will wie Adorno mit Verstand den Verstand verlieren, das ganz Besondere und konkret Individuelle vor abstrakten Allgemeinbegriffen retten, mit Begriffen die sich am Greifbaren vergreifenden Allgemeinbegriffe angreifen und damit rationale Rationalisierungskritik betreiben. Wahrheit, die nicht unwahrscheinlich scheine, sei lediglich verkleidete Lüge oder kompletter Irrsinn. Die Philosophie ist eine Kunst und keine Wissenschaft, wusste Arthur Schopenhauer.

So weit, so gut und schön.

Aber Steinwegs Ansatz teilt die Schwächen aller „postmodernen" Dekonstruktivisten. Der Mensch solle gezielt neurotisch bleiben, um nicht psychotisch zu werden, oder umgekehrt. Dieses kontrolliert „delirierende Denken" will „Wunschmaschine" (Gilles Deleuze) und „Désire" wie „Délire" bleiben; es spielt verrückt, um eben nicht wahnsinnig zu werden, sondern denken zu lernen, und mit Wittgenstein immer wieder „ins uralte Chaos zurückzusteigen", um ein bisschen ordentlichen Kosmos heimzuholen. Aber natürlich „nicht als Ideologiekritik", sondern als „ganz andere" Ideologie und fabrikneue Videologie?

„Wahres Denken korreliert mit dem Zufall" (a. o. O., S. 39) des aphoristischen Einfalls, aber auch mit dem Zufallsgenerator der *Künstlichen Intelligenz*? So wenig wie Adorno oder Sartre haben die postmodernen Dekonstruktivisten selber gutpointierte Aphorismen verfasst, obschon Derrida schrieb : „Toute écriture est aphoristique." Alles zerläuft hier eher redselig weitschweifig, oft tautologisch in endlosen Synonymen, und wird auch geschwätzig unter den Teppich zerredet wie nicht selten beim pastoralen Nietzsche (der daneben aber konzis gekonnte Sentenzen feilte).

Alle wollen im weitesten Sinne politisch Linke sein und berufen sich doch auf so demokratiefeindliche Erzreaktionäre wie Nietzsche und Heidegger mit seiner ewigen „Destruktion der abendländischen Metaphysik". *Das* ist der springende Punkt der ganzen umständlichen Salbaderei : Sie alle richten sich gemütlich ein im „nachmetaphysischen Denken" (J. Habermas), das aber ja den philosophischen Mainstream des heutigen säkularen Zeitgeistes bildet.

„Unzeitgemäß"? – Man darf lachen.

Der moderne wie postmoderne Todfeind ist ja die Metaphysik Europas, und Metaphysik, vollendet bei Hegel, steht vornehm für die verfluchte Religion, die Idee von einer ab-soluten Maßstabsinstanz des Denkens. „Wenn Gott tot ist, ist alles erlaubt", wusste ein Dostojewski, und das lassen sich alle Mächtigen der Welt nicht zweimal sagen, wenn sie keinen Allmächtigen mehr über sich zu fürchten haben. Einer irdischen Justiz wissen die Herrschaften zu entwischen, wenn sie kein Jüngstes Gericht mehr zu erwarten haben. *Der olle Jott* ist die menschliche Idee von etwas, das jenseits aller menschlichen Ideen liegt, des Objektiven schlechthin, das Kant und Hegel noch anerkannten als „regulative Idee" aller Wissenschaften, und das auch Steinweg sucht und nicht finden zu können sich freut.

Mir erscheint die ganze metaphysikde(kon)struktive Veranstaltung wie ein burlesk inszenierter Theaterdonner mit viel zu wenigen Geistesblitzen. Zu Beginn elektrisierend originell, dann zunehmend langweiliger, wenn man die Machart und Stoßrichtung einmal kapiert. Man will Fortschritt, aber ums Verrecken nicht, dass das ewige Undsofortschreiten in alle Richtungen ein Ziel erreicht, also dessen einzigen vernünftigen Sinn. Noch nie wollte man bisher den Schwachsinn eines ewigen Fortschritts um seiner selbst willen als Selbstzweck. Und der bürgerliche Autor Steinweg will wie Foucault und Derrida ein politisch Linker sein, aber wie die Franzosen mit bestbürgerlichem Sozialismus ohne philosophischen Proletarismus.

„Inkommensurabel Singuläres" soll nicht in Allgemeinheit und Allgemeinbegriffen verschwinden bei diesen Mode-Nominalisten. Wenn die Bedeutung eines Begriffs nur neue Deutung von Deutungen von Deutungen … ist, erreicht die Sprache niemals die gemeinte Sache und deren Wesen oder gar Unwesen. „Individuelles ist unaussprechlich", wusste schon die mittelalterliche Scholastik.

„Unendliche Annäherung" indirekter Andeutungen rennt dem sich ewig entziehenden Singulären atemlos hinterher und kann doch nicht aufgeben, was nie ganz positiv(istisch) gegeben ist. Es ist gleichsam eine Fastphilosophie ohne Fasten : Nur fast trifft das Wort die Welt, aber fast getroffen ist auch daneben.

Das Sprachloch bleibt ein Sach- und Fachloch.

Steinweg ist wie alle „Postmodernen", wie auch Nietzsche und Wittgenstein, ein verspäteter Nachfahre frühromantischer Universalpoesie von Novalis und Friedrich Schlegel und deren „entfremdeter Subjektivität" (H. Schmitz). Ironie sagt etwas Endliches und meint etwas Unendliches. Die *Postmoderne* postuliert, alles Wesentliche sei schon gedacht und die Traditionsbestände der Philosophie könnten nur noch als fertige Versatzstücke immer neu montiert und collagiert werden. Genau das passiert auch bei Herrn Steinweg : Wie unsere konventionellen Realitätsbegriffe lediglich Sozialkonfektionen, ja, „unhaltbare Konsistenzversprechen" seien, ganz ebenso fordern und versprechen auch die „Sprachlöcher" immer wieder brandneue Gedanken, die aber dann kaum geliefert werden. Das Ganze bleibt ein bloßes Desiderat und immer neu beschworenes Programm, das jedoch nicht konkret ausgeführt wird im gepriesenen Einzelnen.

Der Venusberg kreißt, und ein Mauseloch wird geboren.

Diese anti-metaphysische Metaphysik unverbindlicher Gedankenspiele ins Himmelblaue rühmt unermüdlich die Leichtigkeit hübscher Luftblasen gegen deutsche Schwerfälligkeit, aber liefert nicht – anders als der tänzerische Nietzsche in Tausenden von prägnanten Witzweisheiten, die sich tiefe Schneisen fraßen durch manches Herkömmliche. – Die *Postmodernen* können wie die allermeisten Philosophen eben nicht dialektisch denken. Die letzten dialektischen Denker waren Sartre und Adorno und der Katholik Gilbert Keith Chesterton, der brillanteste Essay-Metaphysiker des 20. Jahrhunderts mit seinen unerreichten Paradoxen. Die Welt sei kein syllogistisches System, sondern eine „Hierarchie von Paradoxen", schrieb N. Gomez Davila, und das hochverdichtete Paradoxon ist bekanntlich doch der Königsweg des Aphorismus, den die postmodernen Existenzialisten aber wenig beherrschen und unentwegt nur beschwören.

Herr Steinweg liefert bloß tolle Gebrauchsanleitungen, aber ohne Gebrauch von ihnen zu machen. *Postmoderne* ist längst ausgereizt und vorgestrig.

Q. e. d.

Steinweg preist mit Valéry „Aufklärung ohne Wahrheit (ohne Gott, ohne Absolutes" (S. 75). Sein dogmatischer Antidogmatismus versteht nicht mehr viel von jener „onto-theologischen" Metaphysik, die er dekonstruiert. Sein Denken ist Mainstream und zeitgemäßer,

als er glaubt. Er „ist im Kommen, aber um nicht zu kommen" (S. 65).
Er glaubt, dass eine „jede Religion einen gewissen Atheismus
transportiert." „Gott fällt mit seiner Inexistenz zusammen." (S. 62)
So what?

Unter Dialektik scheint Steinweg zu verstehen, dass jeder Satz
auch seinen eigenen Gegensatz meint, dass alles Positive auch etwas
Negatives und jedes Minus auch sein bisschen Plus habe. Jedes Fast-
Urteil, das alles und nichts verurteilt, lässt sich auch mechanisch
umkehren. Sinn ist dann Unsinn, Nonsens wird der Sinn des Sinns
etc. etc.

Mehr als etwa einhundert Leseseiten hat der Rezensent nicht
geschafft, dann fiel er in ein *Schwarzes Loch* auf Nimmerweiterlesen
und tauchte durch ein „Wurmloch" am anderen Ende der Milchstraße
wieder auf …

ANHANG : „Chaogito" (a. a. O., S. 62) als K.o.gito?
Die „Sprachlöcher" werden umso banaler oder falscher,
je kürzer sie sind, also je mehr sie Aphorismen ähneln:

„Nichts spricht dagegen,
das Denken als heiteren Wahnsinn anzusehen." (53)

„Vielleicht gibt es kein Kunstwerk, das nicht ein Loch
in der Sprache markiert." (59)

Kapitalismus als Maschine, „das Dementi ihrer selbst
in sich zu integrieren." (66)

„Den Gewichtsverlust postmetaphysischen Denkens
macht Simone Weil durch anorektische Mystik wett." (69)

„Das Labyrinth der Sprache ist gläsern.
Trotzdem ist es ein Labyrinth." (71)

„Wenn jemand blind ist, ohne es zu wissen,
ist er dann blind?" (140)

„Wenn es nichts mehr zu sagen gibt,
bleibt noch alles zu sagen?" (159)

„Vielleicht heißt Denken, der Intransparenz Raum zu geben,
ohne sich ihr zu subordinieren." (198)

„Das Kleid hält sich am Blick fest, bevor es fällt." (202)

„Lustig, dass die Kinder immer noch Steine werfen
nach irgendeinem Cézanne!" (221)

„Man könnte meinen, Simone Weils Denken
sei ein Beten ohne Gott." (223)

WAHNSINN : „Verlust nicht der Sinne,
sondern des Vertrauens in die Sinne." (303)

„Wer will, gibt sich der Illusion der Illusionslosigkeit hin.
Warum tut er das?" (311)

KOMISCH : „Das Kritisch-Tun derer,
die es selbstbezogen nie sind." (319)

In „Sprachlöcher" soll man hineinfallen
wie Thales in den Brunnen, um aufrechten Gang zu lernen?

Wert der Philosophiegeschichte heute

Das "Alte Testament" bietet den Wertekanon
einer absoluten Instanz und zur Lösung der
sozialen Frage das „Erlassjahr".

Das „Neue Testament" der Christen bringt
den Armenpropheten Jesus und richtet
das Himmelreich gegen alle Weltreiche.

Der Katholizismus preist Bettelmönchsorden wie aristotelische
Vita contemplativa gegen die protestantische Verherrlichung der
Arbeitswelt. Die Reformation heiligt die freie Subjektivität der
Neuzeit (aber bitte ohne lutherischen Antiproletarismus und Anti-
semitismus!).

Der dritte Monotheismus vereinigt die Essentials
der beiden früheren in Klarheit und Einfachheit.

Der Prolet Sokrates demonstriert allen,
die etwas zu wissen glauben,
dass sie gar nichts wissen.

Sein aristokratischer Schüler Platon verteidigt
die substantiellen Ideen gegen ihre prinzipiell
unvollkommenen Realisierungen.

Sein realistischer bürgerlicher Schüler Aristoteles
heißt allein das theo-retische Leben göttlich.

Sophisten verteidigen Demokratien gegen Platon.

Diogenes in der Tonne und Atomdenker Demokrit
sind die einzigen "lachenden Philosophen".

Epikur empfiehlt vernünftig maßvolle Genüsse.

Stoiker bis zu Descartes wollen lieber sich selbst
als die Welt verändern.

Kyniker geben mehr Freiheit durch weniger
Bedürfnisse im Einklang mit der Natur.

Skeptiker wollen weder Relatives verabsolutieren
noch Absolutes relativieren.

Augustinus vereinigt Christus und Platon,
Thomas Aquin aber Christus mit Aristoteles.

Bei Spinoza offenbart der Schöpfer sich in der Schöpfung.

Descartes befreit das moderne Selbstbewusstsein
vom Materiellen wie die Geo-metrie von der Erde.

Leibniz treibt Weltanalysen nur bis zu Monaden
und nicht bis ins unendlich Kleine und Nichts.

Chefaufklärer Kant rekonstruiert die reale Weltstruktur
aus Sinnesdaten und freier Subjektivität.
Gut sei allein der gute Wille, das Rechte zu tun.
Gott bleibt eine notwendige Idee.

Aus Kants Dialektik regulativer Wissenschaftsideen (Gott, Welt,
Seele) macht Friedrich Hegel (im Anschluss an Fichtes ab-soluten
Subjektivismus) den panlogischen Idealismus, wo jeder Satz nur

durch seinen Gegensatz hindurch bedeutet, was er sagt. Hegel vollendet die europäische Metaphysik von freier Subjektivität aus.

Schlegels Fragmente deuten nur an, dass Hegels "wahres Ganzes" ganz unwahr ist. Er rettet schon wie Adorno das Individuum vor der Allgemeinheit, schüttet aber das kosmische Ganze nicht mit dem sozial Totalitären aus. Fr. Schlegel betont gegen Hegels Fortschrittsoptimismus den Verfallspessimismus seit dem Mittelalter.

Schelling sieht "Kunst als Organon der Wahrheit" und „unvordenkliches Seyn" (Natur) gegen Fichtes "reines Ich", das Ab-solute als *Indifferenz* gegen verabsolutierte Subjektivität und Objektivität.

Marx schützt den Blaumann vorm Handelsmann,
den Hegel vorm Edelmann schützt.

Pessimist Schopenhauer zieht neugieriges Wissen
dem habgierigen Willen vor. Was er zu dieser
gelehrten Muße von seinem leiblichen Vater erbte,
müsste der Prolet von Vater Staat sich ertrotzen.

Von Nietzsche übernehme man das geistreiche Bonmot gegen den systematischen Zeitgeist und den individuellen Selbstbehauptungswillen gegen All und gemeine Allgemeinheit.

Von Wittgenstein lässt sich lernen die absolute Gewissheit mathematischer Logik und die nur relative Wahrheit seiner fragmentierten *Sprachspiele*.

Heidegger rettet Spinozas Naturseyn vor dem totalitären Machtwillen der Neuzeit auf seinen „Feldwegen" in Gelassenheit, die alles nur "sein lässt".

Inklusion?

Die Inklusion als globales Menschenrecht ist in der internationalen Behindertenrechtskonvention als Ziel festgeschrieben, also eher eine weitgehend (an)erkannte soziale Aufgabe als eine gesellschaftliche Gegebenheit. Wenn sie mehr sein will als nur selbstverständliche Integration von entwicklungsgestört Zurückgebliebenen, die mit dem Zeitgeist nicht ganz mitkommen, sondern volle Integration jedes Individuums in das gesellschaftliche System, wird sie ideologisierte Zwangsvergemeinschaftung.

Die Familie ist nicht die „Keimzelle der Gesellschaft", sondern die Gesellschaft in Wahrheit eine Todfeindin jeder Familie, und jedes Individuum, das eines sein will, ist in seiner eigenen Familie besser aufgehoben als in „Volksgemeinschaften" oder „Volksdemokratien", wobei „organisch gewachsene" zumeist eiskalt organisiert sind. Der einzelne Mensch ist gar nicht zu ändern. Es gilt nicht nur, Sozialstrukturen zu schaffen, die unfreiwillige Außenseiter zu willkommenen Insidern von verschworenen Kollektiven machen, sondern auch das ungeschmälerte Recht sicherzustellen, konspirative Ingroups jederzeit ungestraft verlassen zu können. Das Recht, sich selbst zu exkludieren, ist so wichtig wie das Recht, inkludiert zu werden. Inklusion darf kein Einschließen und Wegschließen in Zwangskollektive werden, und Exklusion kann auch Freisetzung von mehr oder weniger sanfter Zwangsinklusion bedeuten.

Allgemeines Recht auf Teilhabe an kulturellen Gesellschaftsveranstaltungen, die keine üblichen Verunstaltungen des Individuums anstreben, muss auch Recht auf Distanzierung von dieser Integration inkludieren. Ausgrenzung ist per se nicht gewalttätiger als etwa Gefangenhalten und Ausreiseverbot. Mancher zum „Behinderten"

Deklarierte, der sich nur den jeweilig „angesagten" Zeitgeisttrends verweigert, sollte nur froh sein, nicht mitmachen zu müssen beim allgemeinen Mitmach- oder Nichtmitmachtheater, also sich nicht inkludieren lassen zu müssen. Habituelle „Betriebsnudeln" allerdings sind geistig Behinderte, die sich „gleichberechtigt" zu jedem dort angedrehten Sozialklimbim drängeln.

Das Recht auf Inklusion von anerkannten Einwanderern, ob nun Kriegs- oder "Wirtschaftsflüchtlingen", sollte selbstverständlich sein, und gerade hierzulande ist fast jeder Immigrant aus vorwiegend religiösen Staaten eine Bereicherung der einheimischen säkularen Inzucht. Welcher Deutsche will mit seinen Landsleuten schon allein sein?

Was die Inklusion von sexuell Andersbegabten betrifft, scheint es ratsam, Schwule und andere Diverse nicht zu diskriminieren und zu verfolgen, aber auch nicht stets zu tolerieren, dass sie z. B. Kinder adoptieren und psychosexuell beeinflussen, also die Kompetenz von konventionellen Mann-Frau-Familien völlig gleichberechtigt zu beanspruchen. Unbestreitbar notwendiger Minderheitenschutz sollte nicht zur Mehrheitsdiskriminierung führen dürfen.

Was sagt der ewige Himmel?
Lev 18,22 / Lev 20,13 / 1. Kor 6,9 / Römer 26.27

Moderne linksliberal orientierte Hochindustriegesellschaften sind tendenziell schon so weit homosexualisiert, wie die Kritische Theorie der Frankfurter Schule diagnostizierte, dass stinknormal heterosexuelle Unterschichtmütter inzwischen diskriminiert werden, wenn sie es voller Vernunft vorziehen, zuhause mit ihren Kindern ganze Kulturen zu studieren, statt als Putzfrauen jobben zu gehen oder sich ans Fließband zu stellen, um den nächsten PKW oder Urlaub mitzufinanzieren. Denn eine gestandene Unterschichtmutti wird doch viel leichter mit ihrem Gatten fertig als mit eventuellen Firmenchefs. Feminismus ist in der Regel Mittelstandsemanzipation, Gerangel der Geschlechter um Führungspositionen gegens Volk.

Primär sind die traditionell binärcodierte Kernfamilie und (schon marginalisierte) Großfamilie zu fördern, nicht die Diversenpartnerschaft, welche aus allen Lautsprechern ohnehin sich großspurig breitmacht und die Medien beherrscht. Die *Loveparades* der Gay Communities sind bereits die Militärparaden von morgen und an freiwilliger Lächerlichkeit häufig nicht zu überbieten. Damit tun Diverse sich Bärendienste an und wollen es nicht merken. Mann und Frau und Kind verschwinden inzwischen fast hinter psychosexuellen Paradiesvögeln, die viel mehr fordern, als nicht verfolgt zu werden und sich nicht verschämt verstecken zu müssen. (Man studiere die psychoanalytischen Untersuchungen der Homosexualität, z. B. bei Freud oder Janine Chasseguet-Schmirgel.)

Kurz : Auch Humor ist eine eher humanere Form der Inkludierung von bisher habituell Ausgegrenztem, wie Gießens Kompensationsphilosoph *Odo Marquard* humorvoll erkannte. "Ein Händedruck hält fest, aber Fußtritte treiben voran." Geht es da um Lebensgefährten gegen Lebensgefahren, nicht als Aprilscherz gedacht?

Kann man heutzutage ausgegrenzt werden,
ohne in alternative Rudel eingesperrt zu werden?

Ausgegrenzte werden oft die Eingeschlossenen
aller Ausgeschlossenen.

Ein Individuum ist stets der Ausgeschlossene
aller Ein- und Ausgeschlossenen.

Gesellschaft ist die Alternative von Einsperren oder Ausgrenzen.

Sport ist Mord und Selbstmord im Akkord

Wohlgemetkt : Dieses ist das Pamphlet nicht eines spirituellen Leibfeindes gegen "Leibesertüchtigung", sondern gegen die allgegenwärtige Fetischisierung des sportgestählten Körperpanzers auf Kosten von Geist und Seele.

Sport ist heute weltweit eine milliardenschwere Beschäftigungstherapie, die gutbürgerlich Gebildete und ihre Arbeitssklaven, die gewöhnlichen Sterblichen wie das Esperanto der Popmusik verbindet. Breitensport verkümmert im Schatten des professionellen Spitzensports, der einer Akrobatenkunst ähnelt. Sport kanalisiert die Massenaffekte, der er polit-ökonomisch gezielt entfesselt, und dazu wird er gefördert von disziplinierenden Demokratien wie Diktaturen.

Der verbreitetste Arbeitstiersport ist das frenetische Bejubeln von Profisportlern. Massensport ward zum unsportlichen Kampf gegen Geistesertüchtigung, also zur seelenlosen Körperkultur. Essen und Trinken, Schlafen und Beischlafen, Fitnesstraining und Körperpflege sind Lebensinhalt in Massenmedien und ihren Sozialnetzwerken. Der Lebenslauf wird zum beklatschten Marathonlauf. Die Sportveranstaltungen sind kampfspielerische Leibverunstaltungen, wo Gelenke, Herzen, Lungen und vor allem Köpfe systematisch verzerrt und verletzt werden im Namen von Volksgesundheit und Persönlichkeitshygiene. Hier wird der alltägliche Konkurrenzkampf gegen Arbeitskollegen scheinspielerisch eingeübt und andressiert.

Das Ziel heißt Überrunden, Siegertreppchen als Hauptgewinn, Auszeichnungsranking mit Trostpreisen und Championruhm. Siegen ist gar nichts, Dabeisein ist alles : Profi-Loser lernen es, Lebenssiegern selbstlos zu applaudieren. Brot und Spiele : So werden auf den Zuschauertribünen der großen Sportarenen aggressive Energieüberschüsse, die in Fabrikhallen und Büros noch nicht so ganz abgearbeitet waren, in "harmlose" Kanäle abgeleitet und neutralisiert, sozial unschädlich gemacht und prophylaktisch entsorgt. Sport, aktiv wie passiv, verhütet sozialen Aufruhr und schützt die Mächtigen der Welt vor ihren Arbeitssklavenheeren wie vormals die inzwischen zahnlos gewordene und immerhin "geistliche" Religion.

Der einzige Sport, der heute auf breitester Ebene fehlt und unterfördert bleibt, ist "Denksport", der nicht nur in „Sodokus“, Monopoly-Runden und Kreuzworträtseln verpufft. Man müsste ja nicht gleich Berufsphilosoph oder Hobbyschriftsteller werden, aber "philosophisch gewichtiger Gehalt in literarisch reizender Gestalt" steht jedem offen, aktiv wie passiv : Urteilskraft und Geisteskraft, Verstand und Witz, trainieren sich als Spiel und Sport auch auf dem Parcours geistreicher Ideen gegen die Phalanx dummer Sprüche. Auch bleistiftspitze und zungenspitze Aphoristiker könn(t)en Spitzensportler sein. Hochgeistige Fechtkünste, Ringkämpfe, Hoch- und Weitsprünge, sind um Längen edler und gesünder als Ledergebolze und Boxringe. Allerdings ist *der* Verdienst da geringer als *das* Verdienst, *der* Gehalt leicht höher als *das* Gehalt.

Die sportive Leibesertüchtigung mit all ihren spatzenhirnigen Motorsport-Afficionados ist längst zur bierernsten Geisteskrankheit geworden wie das Ernährungsbewusstsein. Sportplätze erzeugen nur noch Gemeinplätze auf Steh- und Sitzplätzen. Wettkampf der Sprücheklopfer um die Wahrheit des Jahres − mit dem Goldenen Stachelschwein als Trophäe − lockt offenbar nur Stendhals happy few, solange hypertrophierte Schwitzleiber den konkurrenzkampf-sportlichen Weltmaterialismus dominieren.

Warum zur Abwechslung nicht mal der bescheidenste Ehrgeiz, Weltmeister oder wenigstens Landesmeister im Geistesflorettsport werden zu wollen?

Sport und Kunst ist Wettkampf, um Unerreichbarkeit zu erreichen.

Sex und Yoga, TV und Sport, Reisen und Basteln —
wie viele Wege es doch gibt, an Künsten und Wissenschaften
glücklich vorbeizukommen!

Du willst gut und besser werden.
In welcher moralischen Sportart denn?

Ein Philosoph ist ein Mensch, der andere lieber
im Denksport schlägt als im Affekt.

Das Leben ist viel zu kurz, um es mit Pop und PC,
Sex und Sport, Reisen und Basteln zu verspielen.

Sport treiben nur Leute, die dafür weder zu krank
noch zu gesund sind.

Kunst, Philosophie und Religion spotten sinnlicher Lust
wie verständlichem Sinn, dem Spiel und Sport,
dem Schmuck und der Hygiene.

Geistloser Kampfgeist der Sportskanonen:
Weltkrieger ohne Kanonen.

Sportskanonen wagen keinen Vergleich
mit ihren Sportwagen.

Wer einem Kant die asketische Moral vorwirft,
überwältigende Affekte abzuwehren,
um Herr über sich zu bleiben, ist meist noch stolzer
auf den mutigen Extremsport, sich diesen Affekten auszusetzen.

Dass sie auf manches verzichten, wird bei Hochleistungssportlern
verstanden, nicht bei Priestern und Mönchen.

Schwarze Löcher im Kopf der Bleistiftspitzensportler …

Pop(anz). Wer allen nach dem Munde reden will, verteidigt Fraß
und Suff, Sex und Sport gegen die „Heuchelei des geistigen Lebens".

Komisch nur, dass es so viele Geisteskrankheiten in sportlichen
Körpern wie gesunden Menschenverstand von Genies in kränklichen
Leibern gibt.

Entweder schlägst du mich im Zorn
oder im Sport oder in beidem zugleich.

Leibesertüchtigung war immer die leichteste Art,
an Denksport hochgerühmt vorbeizukommen.

Wer eine Sozialrevolution statt nur Kulturrevolution will,
muss uns nur PKW oder Fußball verbieten.

Zwergsatirische Mikro-Essays zum Zeitgeist von heute

Das sanfte Denken der wachen Schwachen kultiviert das
Unterlaufen der Macht und Herr´lichkeit durch eine passive
Resistenz, milde Subversion der Idyllen. Robert Walser machte
sich klein wie ein Aphorismus, um zu überleben.

Stärkt böse Feinde nicht durch Widerstehen! Fahnenflüchtige
Feiglinge entweichen, Zagen statt Wagen, Abweichen durch
halsstarriges Ausweichen. Wer sich niederlegt, entgeht der
Niederlage : Die aphoristische Bückware der schüchternen
Memme und grauen Duckmaus.

Nietzsche? Heute geht es mit dem dionysischen
gegen den rationalisierenden Apollon.

Irgendwo stranden oder nirgendwo landen, verrecken
im dreckigen Versteck, Siegen durch Fliegen im Liegen?
Wer sich biegt, kriegt leicht, was schwer wiegt,
mühsam und öd wie Reisen.

Schweigen, anderen mehr sagen als sich selbst. S(p)innen am
Ufer des endlos grauen Meeres unter endlos blauem Himmel.

Russell bügelte mit der Typentheorie der Sprachstufen die
Paradoxien der materialen Implikation hinweg, statt Logik für
Dialektik zu öffnen. Aphorismen leben von den aporetischen

Antinomien zwischen Objekt- und Metasprachen. Ihre
Umgangssprache will die Metasprache aller Metasprachen sein.

Aphoristik ist die beste *Typentheorie,* die Paradoxa nicht
vermeidet, sondern zu neuen Wahrheitsfindungen nutzt.

Wer nichts weiß, weiß auch nicht das Lernen und Verlernen
zu lehren oder das Lehren zu lernen.

Jeder ist zu dem Unfug befugt, den befugten Verfügungen
der *verwalteten Welt* mit Fug und Recht sich zu fügen.

Klasse zeigt, wer Deklassierer deklassiert,
bis sie nur noch Mass(iert)e sind.

Mach keine Fisimatenten!, rief die Guillotine,
als das Opfer fiese Ausflüchte machte.

Schlage so viele Gedankensplitter von dir ab,
bis du in Form bist, dir ähnlich zu sehen!

Die Balken in meinem Auge biegen sich vor Lachen über die
Gedankensplitter im Kopf oder Fettauge meines Nächsten.

Wer mehr Geistesblitze sucht, muss Hochspannung
und Gewitter im Kopf erzeugen.

Knochenklappern der Logik, Gerippespiele der Greise …
Idealisten durchschauen, was Materialisten sehen,
Realisten planen und Theoretiker abhandeln.

Modallogik sieht Möglichkeit als mindestens schon eine
Wirklichkeit, statt erst möglich zu machen, was noch nicht
verwirklicht wurde. Jede Wirklichkeit schafft erst ganz neue
Verwirklichungsmöglichkeiten, die es vorher wirklich noch nie
gab, wie Notwendigkeit neue Unmöglichkeiten schaffen kann.
Und Mögliches verwirklicht sich auch zu neuem Unmöglichen.

Wer nur eine Flasche ist, kann sich aus sich selbst besaufen
und berauschen. Wer eine Pflaume ist, isst sich selbst.

Neinsager sind nur die Jasager zum eigenen Lager.
Ein Individuum gehört weder zu Uns noch zu Euch.

Ohne Finsternis ist das Licht so wenig wie ohne die Dinge,
auf die es fällt.

Kulturpsychologen sehen in menschlichem Verhalten mehr
Sinn und Zweck als ein Reiz-Reaktionsapparat, aber verstehen
oft zu wenig von Seelen und Kulturen.

Muss man entwicklungsgestört sein,
um ein inselbegabter Spezialist für etwas zu werden?

Klimawandel : Der Winter ist nur noch ein ergrauter Sommer.

Abenteuertourismus *all inclusive*:
Uriger Urlaub im abgeholzten Urwald der Urmenschen.

Mit offenen Systemen spielt der Aphorismus, eh er sich vor ihm
verschließt wie das geschlossene System vor ihm.

Will jeder große Taten vollbringen, bleibt der Kleinkram liegen.

Wer das Fliegen lernen will, muss den Vogel ausbrüten können,
den er hat.

Wer sein statistisches Haltbarkeitsdatum überschreitet,
hat endlich die Altersgrenze erreicht, wo man denken kann.

Buddhisten geben den dringenden Lebensdrang selber auf,
der nur in Bedrängnis bringe. Christen verdrängen nur sich
selbst (sagen Heiden). Heute bedrängt nur noch ein Gedränge.

Die Weltgeschichte besteht aus realisierten Zukunftsplänen
und Vergangenheitsretuschen der widerwärtigen Gegenwart.
Der Papierkrieg, der uns einen Papierkorb gibt,
heißt Friedensbewegung.

Nur Geist macht so geistreich, ihn zu fordern und zu fördern.

Gute Aphorismen sind in Edelstein gehauene Sprengungen
zementierter Geistessysteme. So viele gute Sentenzen gibt es
gar nicht wie schlechte Systeme.

Hegel verteidigte systematisch die altgriechische Klassik gegen
mittelalterliche Romantik der Neuzeit, aber Reformation und
Französische Revolution gegen den Katholizismus wie das
Christentum gegen Judentum und Islam. Schlegel verteidigte
anti-antisemitisch und republikanisch das Mittelalter gegen
die Neuzeit wie gegen die Steinzeit.

Franzosen lieben redegewandte Politiker, Deutsche sehen
darin aalglatte Lügner, Angelsachsen verachten beide,
und Russen wie Chinesen verstehen niemanden.

Minderheiten werden heute gern gegen die demokratische und
schweigende Mehrheit verteidigt, aber nicht das Individuum
gegen Mehrheit und Minderheiten.

Aphoristiker reden originell wie Adam und Eva
oder veralten voreilig wie der vorletzte Mensch.

Philosophie : Nach dem Denken ist vor dem Nachdenken.
Jeder muss die Chance kriegen, sich sterblich zu blamieren.

Reiche machen gemeinsam Jagd auf Beute,
die sie einander dann einzeln abjagen.

Manche fühlen sich gezwungen, andere zu bezwingen,
aber der moderne Zwang zur Ungezwungenheit wirkt
oft zwangsgestörter als der alte Krawattenzwang.

Es dauert ewig, eh sich mal etwas ändert, aber
wird nicht überall nach *Entschleunigung* gerufen?

Jede Nuss ist genauso hohl, wie sie aussieht.

Wer schießt den Vogel ab, den er hat,
und sei es nur ein Vögel(che)n?

Wie nur Geschöpfe desselben Schöpfers einander erkennen
können, können sie auch nur mit Gottes Hilfe einander helfen.

Kein siegreicher Lebenslauf ohne Kreislaufstörungen!

Charme entwickeln nur selbstkritische Leute,
und selbstgefällige Kavaliere gibt es kaum.

Transzendentaltheologie. Könnte es sein, dass Sterbliche genau
so viel haben, wie sie sich um Ihn bemühen? Glaube, Liebe und
Hoffnung als transzendentale Vernunftbegriffe, um Gnädiges
für uns existieren zu lassen?

Auf Erden gibt es Herren und Knechte des HErrn.

Philosophie ist Schachspiel des Denkens gegen sich selbst,
wie Hegels Dialektik ohne Platons Dialoge auskommt.

Oft verliebt sich jemand in jemanden, der schon andere liebt.
Warum sollen dazu immer neue Romane und Filme entstehen?

Der einzige Nutzen von Kunst, Kultur, Philosophie und
Religion für Gesellschaft und Geschichte ist die Flucht davor.

Ein Triptychon aus Babyschnappschuss, Mannesfoto und
Greisenkarikatur gibt den Lebenslauf eines Alltagshelden
schon ausreichend wieder.

Mein Fieber fiel, als das Thermometer zerbrach.

Was wohl die Utopie und Nostalgie des Steinzeitmenschen war!

Das Beste in manchem ist, dass es daneben auch Böses gibt.

Ein schlechter Verlierer kann dem Sieger einfach nur
kein schlechtes Gewissen machen.

Die schönste Rechtfertigung der vergoldeten Mitte zwischen
AkzepTanz von allem und ResisTanz gegen alles, zwischen
Stepptanz ums Golden Kalb und Totentanz auf dem Vulkan.

Eine Aussage ist akzeptabel, wenn sie die Realität wiedergibt,
die aber dadurch nicht akzeptabler wird, wie man sagen muss.

Soziale Gerechtigkeit verteilte die Arbeitslosigkeit der Reichen
auf alle.

Jedermann erfindet seine alte Tradition, plant seine pränatale
Diagnostik und erinnert sich an fernste Nahtod-Erlebnisse.

Kapitalismus floriert nur als Flucht vor der *sozialen Frage*
in die *Sozialpartnerschaft*.

Charme ist das schönste Mittel, fremden Kopf zu entwaffnen,
ohne den eigenen zu benutzen.

Revolution : alternative Reaktion und Restauration.

Wer als erster zurückschießt, ist schuld. Nur Angsthasen
überleben Katastrophen und Tragödien.

Aus der Hand eine Faust zu machen,
macht aus dem Heinrich noch keinen *Faust*.

Heute wird der Körper gegen Kopflastigkeit ausgespielt,
als erzeugte der Bund mit dem Leibhaftigen schon einen *Faust*.

Aggressivität : gezielte Vitalität. Jede dumme Milchkuh
sucht ihren Pfingstochsen wie die Zicke ihren Sündenbock.

Den längsten Atem haben kürzeste Aphorismen
gegen die lange Leitung langweiligster Leser.

Ein neues Haus macht noch keinen *Casanova* drin, altes Haus,
doch in Rage ist man lieber als in Zivilcourage.

Versuch(ung)en : Experimentatoren erfüllen nur die Wünsche
des Kapitals, Essayisten zeigen geistige Defizite der Realitäten.

Vergibst du mir, dass du dir und mir etwas vergeben musst?

Nicht jede Unvernunft ist eine Weisheit des Himmels.

Wer jeden beneidet, kann von niemandem lernen.

Wer mehr Entschuldigungen hören will,
muss besser Gedanken lesen lernen.

Ein Politiker muss genügend Legislaturzeit haben, bis sein
Wähler sich so blamiert, dass er ihn nächstens wieder abwählt.

Muss schon rechthaberisch sein, wer einfach nur Recht hat?

Wer gar nicht wählen geht,
hat die nächste Regierung schon mitgewählt.

Heiden bekennen sich nicht zum Antichristen, doch Christen
bekehrten sich zu humanistischen Banalitäten.

Seit *Wittgenstein* spielen Philosophen das Sprachspielen nur.

Einem verkannten Charakter fehlt nur Genie,
einem bekannten Talent oft der Charakter.

Ist das geringere Übel immer gut genug,
weil es noch viel schlimmer sein könnte?

Wenn Gottvater dir sagt, was du tun sollst, wenn Mutter Natur
dir sagt, was du tun musst, willst du es nicht, doch wenn du tun
darfst, was du willst, weißt du nicht, wozu du auf der Welt bist.

Ist eine nachindustrielle Gesellschaft auch nur wieder
eine Dienstleistungsgesellschaft der ewigen Knechte?

Wer etwas zu tun hat, kann nicht nachdenken;
wer denken darf, kann nicht Geld verdienen.
Auch wenn mann noch keinen Menschen getötet hat,
wird mann auf Freuds Couch zum Vatermörder gemacht.

Urknallkopf. Ein Traum ist der Realismus des Unbewussten.
Man wird von seinen Vorzügen überfahren, zum Opfer
seiner Vorlieben und richtet sich an seinen Abneigungen auf.

Ein Arbeiter ist ein Mittel, mit dem ein Mittel
andere Mittel produziert.

Offene Systeme haben nichts zu verbergen und
werden nicht bestohlen wie *geschlossene Gesellschaften.*

Verantwortung übernimmt, wer sich die Grube gräbt,
nachdem er in sie gefallen ist.

Aphoristiker : Dichter, Elite der Unwissenden,
und zugleich Denker, Elite der Nichtskönner.

Die Erde ist der größte blühende Friedhof der Menschheit,
doch der Mars noch kein Schlachtfeld der Marsmenschen.

Die Fallsucht gilt seit der Antike als heilige Krankheit.
Aber nicht jeder Epileptiker wie Paulus oder Dostojewski
ist ein phallsüchtiger Scheinheiliger.

Der christliche Seelenhirte hat das Abelsmal an der Stirn,
die er hat, das zu leugnen.

Ich habe keine Ahnung, und die wächst sich zur Erkenntnis aus.

Leute in Trachten trachten nach einer Tracht Prügel
an niederträchtige Bedenkenträger.

Introvertierte vertieren schnell zu ultrovertierten Inspektoren
anderer Eigenbrötler und Einzelgänger ohne Einzelkämpfer.

Kunstwerke, die uns nicht eine Sekunde lang umwerfen,
sind bewältigte Kunststücke.

Platon sah in der *Gigantomachia,* um die olympischen Götter
zu stürzen, den Riesenkampf von Naturalisten und Idealisten.

Wo bleibt eine post-industrielle Welt, die weder wieder Agrarfeudalismus noch Dienstleistungsgesellschaft von Knechten ist?

Ist Schopenhauers Wille sein Pudel Atman, der im Weltwillen
Brahman aufgehen will oder vielmehr das bewusste Gegenteil?

Mutterglück ist heute eine antifeministische Kampfvokabel,
um Frauen vom emanzipierten Fabrikfließband wegzulocken.

Der Kussmund ist eine Aufforderung, ihn zu küssen, anders
als ein Vormund, Volksmund, Leumund oder Muttermund.

Natur ist heut naturgetreue Nachbildung unserer Kulturlosigkeit

Wer keinen Geist hat, braucht wenigstens Geld.

Ist das Nichts eine falsch geschriebene Nichte des Seins,
dessen Geschwister unbekannt sind?

Jedes rechte Gesetz zum Schutz hoher Tiere
bedroht unser Rechtsbewusstsein.

Dich toleriert nur, wer dich fürchtet, doch mehr noch,
wer dich gar nicht fürchten muss.

Gut denken kann ich eher schlecht,
doch schlecht schreiben umso besser.

Gewöhnliche Aphorismen sagen gewöhnlichen Sterblichen
in gewohnten Worten die außergewöhnlichsten Dinge.

Der Fortschritt, Pyrrhussieg über die Natur,
kommt teurer als Naturkatastrophen.

Ein Kind wird ins ewige Sterben hineingeboren,
wo es sich lebenslang vorm ewigen Leben fürchtet.

Das langweilige Nichts, aus dem du kommst
und in das du gehst, fühlst du lebenslang mit.

Die laxe Arbeitsmoral ihrer Staatsdiener sollte Vorbild
unserer überdrehten Hochleistungsgesellschaften werden.

Einige sind stets auf der Flucht vor Bazillen, andere in den Tod.
Man kann das Leben um einige Jahre überleben, aber den Tod?

Sei klug oder dumm, aber wie du redest, wirst du nie.

Schöpferische Aphorismen erschöpfen jedes Thema
schneller als den Leser.

Gehst du nicht zu weit, bist du zu träge,
die Realität zu überholen, um sie zu korrigieren.

Jede Kultur ist Kanzel- und Cancel-Culture zugleich,
und kann gar nicht anders sein, offen oder verschämt.

Die angerichtete Schicksallatsoße wird über alle freien
Entscheidungen ausgegossen.

Manche Bemerkung zeigt nur, dass man nichts bemerkt hat –
merkst du.

Das Universum, ein Schwarzes Loch auf schwarzem Grund,
urknallköpft uns ständig.

Hegels System : Individuen sind durch ihren Allgemeinbegriff
getrennt, der durch seinen Selbstwiderspruch zusammenhält.

Die verrücktesten Aphorismen bilden auch kein *offenes System,*
das ja nicht ganz dicht ist.

Fremde werden verfolgt, weil sie erhabener wirken
als Einheimische.

Wer sich nicht geniert zu faseln, kann nicht arrogant sein.

Mancher wird Mönch oder Bettler, weil er lieber
gar nichts will, wenn er nicht alles haben kann.

Aphorismen pusten neuen Alltagsstaub auf alte Dinge.
Die erstbesten guten und kurzen langweilen als letzte.

Sein Trinkspruch war kein geistreicher Toast auf meinen Kopf,
sondern ein gebutterter Toast gegen meinen Kopf.

Was Hegel im ersten Band seiner „Logik" sagt, gilt heute gar
nicht als formale Logik, und der zweite Teil „Subjektive Logik"
arbeitet nur die aristotelische Logik dialektisch auf und wird
heute nur selten beachtet, obwohl oder weil er von Russells
mathematischer Logik längst relativiert wurde.

Alles wird besser, sobald Knechte wie Herren schlafen.

In der dritten Lebenshälfte holst du ganz groß auf.

Das Alter spielt noch jung, wenn die Kindheit schon veraltet.

Wer nicht in der Masse auf- und untergeht,
wirkt fast wie ein Intellektueller.

Der Pfarrer steht heute am Humbug des leeren Kirchenschiffs.

Der Mensch, an den du dein Herz verlierst,
das dir in die Hose gerutscht ist, hat dich besiegt.

Es ist unzweifelhaft gut, anderen zu helfen, auf die Beine
zu kommen – aber doch nur wieder dazu, üblichen Unsinn
zu treiben oder selbst wieder nur Mitmenschen zu reparieren?
Was bringt uns weiter als nur wieder auf Null, also Neues
zu generieren, statt lediglich Altes zu regenerieren?

Soziales, Ökonomisches, Pädagogisches oder Juristisches
ist nützlich, aber restaurativ beschränkt statt schöpferisch.

Verlangt der Ewige unsterbliche Spitzenleistungen nur
in Gutem und Rechtem statt in Wahrem und Schönem?

Verbietet Er es, Mitmenschen das Nichtige ihre Tuns zu
demonstrieren, statt das mutmaßlich Richtige anzubieten?

Literatur spricht von Heldentaten, nicht von Geisteshelden,
von Sexus und Exitus, wobei nur Letzteres im Alter noch zählt
– und Geist in Bonmots, Mathematik und Naturidyllen.

Der normale Mensch ist eine Normo-Fehlkonstruktion
und ein genormter Fehlkonstrukteur der Gesellschaft.

Man muss nicht denken können, um sich Gedanken zu machen.
Die schönsten Orchideen kommen einem beim Nichtdenken.

Neugier macht noch keine Jugend, Habgier kein Alter mehr.

Eine Memme ist ein Feigling mit Mut dazu; ein Mucker ist,
wer gegen die Angst davor aufmuckt.

Kunst kommt nicht von Bezahlenkönnen, sondern möglichst
von Sollen und Wollen, Mögen plus Vermögen.

Bitte etwas mehr Nachsicht mit jeder guten Nachricht!

Aphoristiker wollen sich an großen Philosophen berühmt lachen

Ist einer aus der Masse Individuum, habe ich sie verlassen.

Abi. *Matura* heißt in der Jugend Hochschulreife,
im Alter Nachweltreife.

Moral heißt : Das Mittelmaß ist das Sein, ein Extrem das Soll
und die Abseitsfalle das Will und Kann ohne Muss und Darf.

Das Gegenteil von Büchern hat sich von Illustrierten
über Talkshows zu Podcasts verschlimmert.

Stein, Baum oder Affe ist nichts vorm Menschen,
der nichts ist vor seinem Tod oder Schöpfer.

Meine Meinung und deine Deinung ersetzen keine Gedanken.

Seid gedungen, Millionen, seid verschlungen, Millionäre!
Laut Hegel und Schlegel reichen Kraft und Tiefe des Geistes
nur soweit, wie er sich bis in Aphorismen auszubreiten getraut.

Es zählt zur Definition eines Narren, dass er Spaß daran hat,
einer zu sein und einen zu haben.

Bist du so klein, dass du dich noch vergrößern kannst?

Half ich dir gegen deine Schwächen,
damit du mir in meinen Stärken helfen konntest?

Welchen Eindruck müssen die Dinge von dir kriegen?

Meine Arbeit an Büchern, dein Kampf gegen Krankheiten –
hielten sie sich die Waage?

Wissenschaft erkennt die Wahrheit durch ihre Irrtümer,
Kunst die Schönheit durch ihre Gräuel und Philosophie
das Rechte durch ihre atheistische Unmoral?

Philosophen treiben den Gedanken, alle Gedanken seien schon
ausgedacht, nun auf die Spitze der Vollendung in ihren Werken.

Ein Kind, das nicht herumhampeln kann, wird ein Hampelmann

Eine Tracht Prügel den Niederträchtigen,
die nicht einträchtig die eine Tracht tragen?

Jeder ist so klein, dass er der Größte ist und sein muss.

Manchen kann man nicht genug tun,
um ihnen Genugtuung zu verschaffen.

Ein Einzelgänger ist wenigstens der Doppelgänger seiner selbst.

Dienen Antworten nur dazu, mehr Fragen aufzuwerfen, als
beantwortet wurden? Hoffentlich ist es nicht allen wichtig, ge-
wisse Fragen nie zu beantworten oder beantworten zu können.

Morgenrot bringt Regen in Schlot, Abendrot
bringt Abendbrot, Mittagskot und Liebesnot.

Jedes Uni-Fach hat einen Dekan, der nur lehren muss,
dass er es nur noch verwalten darf.

Mein niedriger Bekanntheitsgrad ist
der hohe Verkanntheitsgrad eines Genies.

Sattelfest ist mancher bestenfalls auf seinem Steckenpferd.

Peninsula. Penetrant ist nicht mehr der Penis, sondern
der penible Ausbeuter seiner armen Leistungsträger.

Meine Restlaufzeit ist mir zu kostbar
für weniger als Denken und Schreiben.

Erst denken, dann nachdenken, dann nicht herumdoktern!

In deinem Innersten lauern nicht mehr als Äußerlichkeiten
und in deinen Untiefen nur ein paar Oberflächlichkeiten.

Nachsicht ist eine Form von Rücksicht plus Vorsicht,
und nachsichtig heißt eher weitsichtig als durchsichtig.

Der Aphorismus ist die Kunst, nicht nur mit wenigsten Worten
das Meiste zu sagen, sondern auch trotzdem noch überflüssige
Worte einzufügen, um leichter lesbar zu werden.

Was ohne Gottesidee freies Nachdenken genannt wird,
ist meist nur teuflische Wunschvorstellung.

Am Anfang der Halbwelt war das Bonmot, am Ende das
Sprichwort und dazwischen das Machtwort und Widerwort.

Wahrheit kommt vom Wissen, Güte vom Willen,
Schönheit vom Wünschen und Heiligkeit vom Himmel.
Seligsprechen ist das Schuldigsprechen in der Hölle.

Werke großer Denker erkennt man an großer Wirkungslosigkeit

In Religionen ist vom Heiligen die Rede, in Kirchen vom
Menschlichen und Unmenschlichen, der größte Unterschied.
Wir sind die Gegen(leicht)gewichte zu Gott, der mit uns ist.

Glücksspiralen verhüten zu viele feste Überzeugungen.

Wieviel Theorie braucht es, die Welt realistisch zu sehen,
und wieviel Zynismus, sie phantastisch zu finden?

Revolutionärrisch. Was jeder ungern tut, ist noch nicht Pflicht.

Auch Selbstlosigkeit braucht genug Egoismus und
Narzissmus nicht zu wenig Rücksicht auf fremde Meinungen.

Kaltblütige und Frigide finden jeden zu hitzig,
Heißblütige jeden zu cool und Laue zu blau.

Jede Landschaft ist heute zu landwirtschaftlich
und jedes Land eher vaterländisch als ländlich.

Laufen heute zu C. G. Jung alle, die Freud abwehren müssen?

Manche Intoleranten sind leichter zu tolerieren
als die allzu Toleranten.

Revolution reagiert nur auf Reaktionäre. Ein Aphorismus, der
in Köpfen keine Zwergrevolution auslöst, ist erzreaktionärrisch.

Was heute Irrtum ist, ist morgen Lüge, war gestern ein Fehler
und wird morgen wohl wahr sein.

Heidegger wäre ein ziemlich guter Nichtphilosoph gewesen.

Auch der Macher ist nur ein gemachter Mann
und ein Schieber nur geschoben.

Ideen sind passiv und perfekt, Hohlköpfe eher hyperaktiv.

Man muss alles schreiben weil nichts treiben können,
was man will.

Ein Begriff schützt sich vor Handgreiflichem,
damit es sich vor ihm nicht schützen kann.

Was ist Realität, um sich am Ideal zu korrigieren,
vor der Idee, um sich zu verwirklichen?

Wer zur Sache oder Ursache kommen will, kommt nicht zu sich
und zur Sprache und zu Bewusstsein, sondern meist zu spät.

Wäre ein Genie alltagstauglich, wäre es nur ein Talent,
und ist ein Talent weltfremd, wird es nur genialisch.

Ein guter Gedanke verhindert das Denken wie ein zu schlechter.

Es ist nicht mal gewiss, ob man Gewissheit nicht längst hat.

Nach dem ersten Erntedankfest der Geschichte war der Beginn
des Fortschritts bis zur Atombombe nicht mehr zu verhüten.

Alte Weise sehen nur neue Sichtweisen, und kreative Leute
erfinden statt neuen Kram neue Blickwinkel auf ollen Kram.

Philosophen denken heute auf Teufel komm rein
und auf dessen Gegner geh raus.

Redner haben gut (zu) reden, um nicht ins Gerede zu kommen.

Yoga : Los, erlös dich selbst und gib uns den Erlös!

Gebete: belauschte und tatkräftig beantwortete Selbstgespräche.

Lügner : Sachdecker. Die Hälfte seines Lebens verbringt man
ohne Sommer und Winter und ein Viertel in Frühlingsgefühlen.

Nur Sklaven können sich selbst beherrschen.

„Denkt aber daran, dass sich aus allen Quellen des Witzes meist auch ernsthafte Gedanken gewinnen lassen." *(Cicero)*

Vom verdienten Lohn kassiert der Firmenchef die eine Hälfte, der Staat die andere. Der Nettolohn ist so gut wie gar nichts.

Das Verhältnis von Herr und Knecht ist eine einzige strukturelle Respektlosigkeit auch und gerade dann, wenn beide einander mit ausgesuchter Höflichkeit und Zuvorkommenheit behandeln.

Dass viele geborene Menschen dann nur schlecht behandelt werden, gilt oft als guter Grund, ungeborene gleich zu töten.

Je einiger andere werden, desto zerrissener fühle ich mich

INHALT

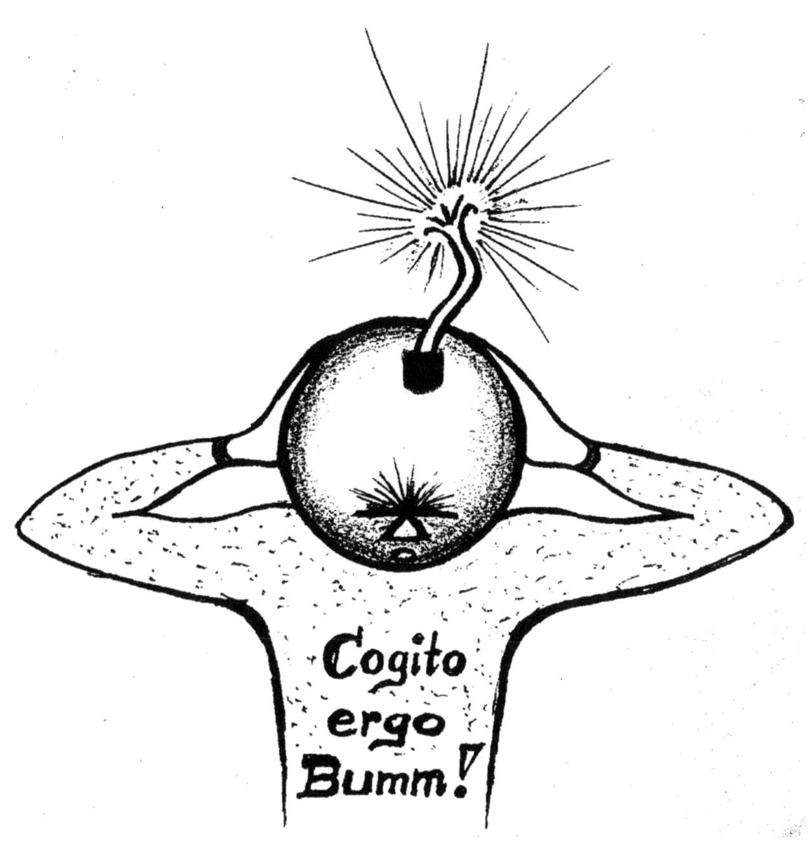

Cogito
ergo
Bumm!

Weiterführendes vom Autor

„Neuer Cherubinischer Wandersmann –
Laienbrevier voll himmlischer Spruchweisheit"

„Wenn die Seele auf den Geist geht –
Zur Tiefenpsychologie der Philosophiegeschichte"

„Die Liebhaber der Sophie – *Europäische
Philosophiegeschichte einmal ganz anders*"

„Mit einem Satz ins Freie –
Reflexionen, Urteile und Sentenzen"

„Eine Ameise mit Bienenfleiß hat eine Meise –
Ausgewählt dumme Sprüche"

„Glückliche Idyllen kontemplativen Lebens
im Elfenbeinturm – *Hieronymus im Gehäus*"

„*Gedankenlesen* – Hirnforschung
ohne Computertomographen"

„Herren tut es leid, Knechten tut es weh –
Die Unterschicht in Klassengesellschaften"

Andere Essay-Bände des Autors

„Künste und Wissenschaften als verlorene Paradiese"

„Ist *Philosophical Correctness*
eine Kommunikationswissenschaft?"

„Originell sein heißt Vergessenes plagiieren"

„Wer sich selber kennt, wird nichts mehr"

„Werden Berge in Täler geworfen, entstehen Ebenen"

„Der Orgasmus ist die beste Maske des Todes"

„Lob der Intoleranz"